novum pocket

AF146837

Philo. O.

Die Mühen einer schwarzafrikanischen Frau

novum pocket

Bibliografische Information
der Deutschen Nationalbibliothek:

Die Deutsche Nationalbibliothek
verzeichnet diese Publikation in der
Deutschen Nationalbibliografie.
Detaillierte bibliografische Daten
sind im Internet über
http://www.d-nb.de abrufbar.

Alle Rechte der Verbreitung, auch
durch Film, Funk und Fernsehen, fotomechanische Wiedergabe, Tonträger, elektronische
Datenträger und auszugsweisen
Nachdruck, sind vorbehalten.

Gedruckt in der Europäischen Union
auf umweltfreundlichem, chlor- und
säurefrei gebleichtem Papier.

© 2024 novum Verlag

ISBN 978-3-903468-70-2
Umschlagfoto:
Vadim Tissen | Dreamstime.com
Umschlaggestaltung, Layout & Satz:
novum Verlag

www.novumverlag.com

Inhaltsverzeichnis

Biografie 7
Die wahre Geschichte von mir 8
Das Leben in Lagos, Nigeria,
mit meiner Tante 9
Zurück zu meiner Mutter in Benin City 11
Allmähliche Besuche bei meinem Onkel 12
Besuch bei der Großmutter 14
Voll und ganz bei meinem Onkel leben 18
Die dritte Ehefrau meines Onkels 21
Ich traf Kellys Vater 22
In Liberia gelandet 24
Mein erstes Mal in Deutschland 25
Zurück nach Nigeria 26
Zurück zum Haus meiner Mutter
in Benin City 28
Wohnen bei Kitos Eltern 29
Zurück nach Lagos 34
Ich lernte Stefan kennen 35
Trauung eines weißen Mannes 37
Zurück nach Deutschland 39
Lena kam zur Welt 44
Ich verließ Stefan 57
Besuch in Japan 60
Treffen mit Herrn Raymond 61
Karl wurde zur Welt gebracht 65
Meine Schwester Martha ist gestorben 68
Leben mit Herrn Raymond und
seinen beiden Kindern 76

Der Besuch meiner Mutter in Deutschland 78
Treffen mit Herrn Felix 79
Tod von Herrn Raymond 92
Meine geliebte Mutter verloren 96
Ich vermisse meine Mutter 98
Nachdenken über das Leben
meiner verstorbenen Schwester 101
Mein letzter Mann 105
Zurück zur alleinerziehenden Mutterschaft 108
Absicht des Autors 111

Biografie

Als Kind in Afrika geboren, von einer alleinerziehenden Mutter aufgezogen, die sich wirklich um ihre Kinder kümmert. Eine Mutter, die weiß, wenn ihre Kinder hungrig sind, und sich Gedanken darüber macht, was zu tun ist. Eine Mutter, der es egal ist, ob es regnet oder sonnig ist, sie geht hinaus, um etwas zu finden, damit ihre Kinder essen können. Ich habe nicht genug Worte, um sie zu beschreiben. Das war meine Mutter, eine schwarzafrikanische Frau.

Die wahre Geschichte von mir

Ich war ein sechsjähriges Mädchen, geboren in Benin City, Edo State, Nigeria, und hatte eine Mutter und eine jüngere Schwester namens Martha. Meine Mutter handelt mit Lebensmitteln, kauft von Bauern und verkauft an Verbraucher. Normalerweise ist sie mit einem weiblichen Taxifahrer unterwegs, was zu jener Zeit ungewöhnlich war. Ihr Geschäft war so anstrengend, dass sie oft spät in der Nacht zurückkam. Ich half ihr beim Kochen und anderen Hausarbeiten, wie Wasser holen, Brennholz kaufen und Wäsche waschen. Ihre tägliche Aufgabe, für ihren Haushalt zu sorgen, beanspruchte sie emotional und machte sie manchmal unglücklich. Wenn ich sie anschaute, konnte ich erkennen, wenn sie nicht glücklich war. So jung wie ich zu dieser Zeit war, gab mir meine Mutter Geld, damit ich auf dem Markt Lebensmittel einkaufen konnte, und danach kochte ich das Essen, wenn sie nicht zu Hause war, um mir zu helfen. Wir gehen in die Nachbarschaft, um mit Eimern Wasser zu holen; zu Hause haben wir ein sehr großes Fass, das wir füllen können.

Das Leben in Lagos, Nigeria, mit meiner Tante

Als die Last zu schwer wurde, beschloss meine Mutter, ihre Verwandten um Hilfe zu bitten. Eines Tages dachte sie darüber nach, jemanden zu suchen, der sich um uns kümmerte, und so ging sie ins Dorf, um mit der Frau ihres Bruders darüber zu sprechen. Meine Mutter hatte eine Halbschwester in Lagos, die jemanden suchte, der ihr bei der Hausarbeit half. Sie kam nach Benin, um sich mit meiner Mutter zu treffen, und meine Mutter gab mich zu ihr, damit ich ihr bei der Hausarbeit helfen und sie mich in Lagos zur Schule schicken konnte. Wir kamen in das Haus meiner Stieftante in Lagos; es bestand aus zwei Zimmern, einem Wohnzimmer und einem Schlafzimmer. Aber ich schlief meistens auf einer Matte auf dem Teppich im Wohnzimmer.

Jeden Morgen wachte ich früh auf, bereitete in der Küche das Essen zu und erledigte die Hausarbeit. Wenn ich fertig war, gab mir meine Tante mein Essen, das ich in der Küche aß. Später kam mein Cousin und gesellte sich zu mir. Wir machten es zusammen, und es war in Ordnung, aber meine Tante meldete mich in keiner Schule an. Der Ehemann meiner Tante feierte gerne oder ging aus und vergnügte sich mit seinen Freunden oder Verwandten zu Hause, und so erledigte ich gewöhnlich viele Besorgungen für sie. Manchmal, wenn ich viele Dinge kaufte, gab mir der Verkäufer ein Getränk, das ich sofort austrinken musste, denn wenn meine Tante mich sah, würde sie mich schlagen. Meine Stieftante bereitete

Fufu [Maniokmehl] oder Semovita mit verschiedenen Fleischsorten und Suppe für die Besucher zu. Die Musik war dann sehr laut. Später packten wir die Teller ein und wuschen und putzten überall. All das machte Spaß und war gut.

Später begann ich darüber nachzudenken, dass ich nicht zur Schule ging, und meine Mutter war auch nicht nach Lagos gekommen, um mich zu sehen, obwohl mein älterer Bruder eines Tages kam. Er sah nichts Falsches daran, dass ich nicht zur Schule ging; er fragte mich nicht einmal, weil sie alle vom Leben in Lagos geblendet waren, wo die Leute glücklich waren, zu leben und zu sehen, dass ihre Familie sich um einen kümmerte. Nachdem er einige Tage geblieben war, ging er wieder, und ich war immer noch da.

Zurück zu meiner Mutter in Benin City

Nachdem ich drei Jahre bei meiner Stieftante gelebt hatte, ohne zur Schule zu gehen, kam meine Mutter mit einem kleinen Jungen auf dem Rücken nach Lagos. Sie fragte mich, ob alles in Ordnung sei, und ich sagte ja. Ich sagte ihr, dass ich sie begleiten würde, wenn sie weggehen würde. Sie sagte nein, und ich sagte okay. Am nächsten Tag wachte ich zusammen mit ihr auf, als sie ihre Sachen zusammenpackte und sich auf die Abreise nach Benin City vorbereitete. Unmittelbar nachdem sie das Haus verlassen hatte, folgte ich ihr. Ich ging hinter ihr her, als sie zum Busbahnhof ging, obwohl sie mich nicht sah. Sie stieg in den Bus ein, und auch ich stieg von hinten ein; dann sah sie mich und war schockiert, aber sie konnte dem Busfahrer nicht sagen, er solle anhalten, weil er schon unterwegs war. Auf diese Weise kam ich zurück nach Benin. Als wir in Benin ankamen, sagte meine Mutter, ich müsse zurück nach Lagos, weil sie Angst davor hatte, was ihre Verwandten und ihre Familie im Dorf sagen würden. Ich sagte ihr, dass ich nicht zurückgehen würde. Also bat sie mich, mich im Haus ihrer Freundin zu verstecken, die in der Zwischenzeit kein eigenes Kind hat, für den Fall, dass ihre Familie nach meinem Verbleib fragen würde, würde sie ihnen sagen, ich sei weggelaufen. Nach einer Woche kam ich zurück und lebte im Haus meiner Mutter.

Allmähliche Besuche bei meinem Onkel

Ich lebte etwa ein Jahr lang bei meiner Mutter. 1974 kam ihr jüngerer Bruder aus Kanada zurück, und wir begannen, ihn in seinem Haus zu besuchen. Manchmal übernachteten wir bei ihm, und manchmal fuhren wir noch am selben Tag zurück. Er lebte allein mit seinen beiden Söhnen, und ich verstand nicht wirklich, warum, denn ich war noch ein Kind. Nachdem ich ihn einige Zeit lang häufig besucht hatte, zog ich zu meinem Onkel, zusammen mit seinen Kindern und meinem älteren Onkel. Mein Onkel war ein sehr stolzer Mann, der sehr gebildet war. Viele Familienmitglieder waren froh, einen Bruder wie ihn zu haben, der eine Ausbildung hatte und im Ausland studierte. Ich erledigte alle häuslichen Arbeiten im Haus meines Onkels, und als die Schule wieder anfing, meldete er mich in einer Grundschule an, und ich war sehr glücklich, obwohl ich zur Schule laufen musste.

Später musste ich wieder bei meiner Mutter wohnen, weil die Mutter meiner Cousins zu ihnen zog. Die Grundschule begann nicht sehr weit von meinem Haus entfernt, und später zogen wir in ein anderes Haus in der Nähe des Marktes. In dieser Gegend lebten viele Menschen, und auf der Straße war viel los, die Leute gingen und kamen. Das Haus einer unserer Verwandten war nicht weit von uns entfernt, und so gingen wir oft zu ihrem Haus und besuchten sie. Sie war eine sehr nette und gottesfürchtige Frau; sie liebte ihre Familie und machte die Leute glücklich. Wenn sie uns sah, war sie immer froh und versuchte, das eine oder andere für uns zu tun. Wenn wir mit dem Besuch bei ihr fertig waren, ging ich nach Hause oder spielte mit Freunden.

Besuch bei der Großmutter

In den Ferien nahm mich meine Mutter mit ins Dorf, um meine Großmutter zu besuchen und eine Zeit lang bei ihr zu bleiben. Ich war immer sehr glücklich, wenn ich im Dorf ankam. Auch meine Großmutter war immer sehr froh. Wenn Markttag war, kochte sie Reis, aber an normalen Tagen machte sie normales Essen, aber hauptsächlich Reis, weil sie wusste, dass ich Reis mag. An Tagen, an denen kein Markttag war, gingen wir auf die Farm. Auf der Farm arbeitete sie, und ich half ihr auch bei der Arbeit, denn die Farm hatte sie von ihrem Stiefsohn bekommen. Sie pflanzte Tomaten und andere Feldfrüchte an. Nach der Arbeit auf dem Hof legte sie mir Feuerholz auf den Kopf, und wir gingen nach Hause. Auf dem Heimweg, während die Sonne unterging, sangen die Vögel, und meine Großmutter verstand die Sprache der Vögel. Eine Stimme von einem der Vögel ließ meine Großmutter sagen, dass sie Besuch bekommen würde und sie deshalb nach Hause laufen müsse. Als wir nach Hause kamen, sahen wir einen Besucher, der auf sie wartete.

Sie freute sich sehr und sagte zu mir: „Habe ich dir nicht gesagt, dass ich heute Besuch bekomme?"

Am Abend kochte sie für uns beide, und später in der Nacht machte sie ein Feuer im Zimmer, weil es so kalt war. Wir setzten uns an die Feuerstelle, und sie begann, mir Geschichten zu erzählen, mir Ratschläge für das

Leben zu geben und mir zu sagen, dass das Leben nicht einfach sei. Nach den Geschichten gingen wir ins Bett.

Als ich noch im Dorf lebte, schickte mich meine Großmutter zum Fluss, um Wasser zu holen. Einer der Flüsse war sehr weit entfernt, und sie packte die schmutzige Kleidung für mich ein, damit ich sie im Fluss waschen konnte. Gewöhnlich ging ich mit meinen Freunden aus dem Dorf mit, und wenn ich unterwegs war, gab mir meine Großmutter etwas Garri (Maniokflocken) mit Kokosnuss oder getrocknetem Fisch, damit ich nicht hungrig war. Normalerweise aßen wir das Garri mit den Händen, denn Löffel waren nicht üblich; damals war es in Afrika ein Gegenstand für die Reichen.

Die Straße zu den Bächen in Afrika war schmal und voller Bäume und Tiere; überall sangen Vögel, und sogar Schlangen kreuzten die Straße. Meistens mussten wir unterwegs eine Pause einlegen, bevor wir die Reise zum Fluss fortsetzen konnten, und wenn wir uns dem Fluss näherten, mussten wir einen sehr steilen Hügel hinunterklettern. Als wir endlich am Fluss ankamen, legten wir die vielen Kleidungsstücke auf dem Kopf ab und begannen, sie mit unserer örtlichen Seife zu waschen. Das Wasser des Flusses war sehr schön, man konnte die Fische schwimmen sehen; wir tranken aus dem Wasser und meine Freunde schwammen darin. Während sie schwammen, stand ich am Flussufer und sah ihnen zu, denn ich konnte nicht schwimmen, ich hatte Angst vor dem Wasser.

Sobald ich fertig war, musste ich auf die anderen warten, damit wir alle gemeinsam nach Hause gehen konnten.

Wir mussten den Hügel hinaufsteigen, um nach Hause zu kommen; es war sehr schwierig, den Hügel mit einer schweren Last an Kleidung auf dem Kopf zu erklettern. Die Entfernung vom Fluss zum Dorf betrug etwa 5 km, und diese Strecke legten wir normalerweise barfuß zurück; es gab keine Fußbekleidung. Wenn ich nach Hause kam, half mir meine Großmutter, die Last der Kleidung von meinem Kopf zu nehmen. Sie lobte mich und sagte, ich hätte das gut gemacht. Ich ruhte mich ein wenig aus, bevor ich die Wäsche auf dem Seil ausbreitete, damit die Sonnenstrahlen sie trocknen konnten. Am nächsten Tag überprüfte ich, ob die Kleider getrocknet waren; wenn ja, nahm ich sie vom Seil, faltete sie und gab sie Großmutter zurück, damit sie sie in ihrer heimischen Kiste aufbewahren konnte. Nach ein oder zwei Wochen fragte mich meine Großmutter, ob ich noch einmal zum Fluss gehen könnte, um die schmutzige Wäsche zu waschen.

An den Tagen, an denen ich nicht zum Fluss ging, ging ich morgens, nachdem ich die Hausarbeit erledigt hatte, zu meinen Freundinnen; wir gingen auf die Straße und spielten. Wenn es Nacht war, schien der Mond, weil es im ganzen Dorf keinen Strom gab. Wir spielten, sangen und waren fröhlich. Manchmal spielten auch die Mütter meiner Freunde mit uns, und wenn wir müde waren, gingen wir in unsere verschiedenen Häuser und schliefen. Meine Freunde sahen in mir ein Stadtmädchen, eine sehr wichtige Person mit einem städtischen Lebensstil; ihre Großmütter riefen mich oft zu ihnen und gaben mir Geschenke.

Nach den Ferien bat meine Mutter die Fahrerin, die sie aus der Stadt ins Dorf fuhr, mich zurück in die Stadt zu bringen, wenn sie nicht in der Lage war, mich selbst abzuholen. Wenn ich mit dem Fahrer in die Stadt kam, hielt ich auf dem Marktplatz an und spielte mit meinen Freunden und Verwandten, bevor ich nach Hause ging, denn der Markt war nicht weit von unserem Haus entfernt. Meine Mutter war eine sehr beliebte Frau, und alle auf dem Markt fragten stets nach ihr. Wenn ich endlich zu Hause ankam, erledigte ich andere Dinge, die meine jüngere Schwester nicht allein tun konnte.

Voll und ganz bei meinem Onkel leben

Nach einigen Jahren musste meine Mutter in ein anderes Haus umziehen, immer noch mit einem Zimmer, weil sie sich keine andere Miete leisten konnte. Dann bat sie mich, bei meinem Onkel zu wohnen. Ich lebte bei ihm; er wohnte 20 km vom Haus meiner Mutter entfernt. Er hatte viele Freundinnen, weil er Frauen mochte. Jedes Mal, wenn er ein Mädchen mit nach Hause brachte, sorgte ich dafür, dass ich Essen zubereitete und es in der Flasche aufbewahrte, denn er mochte es heiß. Ich tat es einfach, weil ich es nicht als etwas zu Wichtiges sah; für mich war es einfach normal.

Das Haus meines Onkels war wie ein Haus in Europa, ein großer Unterschied zum Haus meiner Mutter; obwohl es auch gemietet war, war das Haus schöner als das Haus meiner Mutter. Ich war sehr glücklich, bei meinem Onkel zu wohnen, denn bei jemandem zu wohnen, der aus dem Ausland kam oder im Ausland studiert hatte, brachte mir viel Respekt von den Personen in meiner Umgebung ein.

Mein Onkel meldete mich in einer staatlichen Schule an, die nicht sehr weit vom Haus entfernt war. Die Kinder meines Onkels besuchten eine Privatschule, und sie fuhren mit dem Auto zur Schule, während ich zu Fuß zur Schule ging, weil sie nicht meine Eltern waren. Aber sie waren sehr nett zu mir; sie diskriminierten mich auch in anderen Bereichen nicht. Die Kinder spielten mit mir, und sie behandelten mich nicht wie einen Fremden.

Nach einer Weile zog mein Onkel als Gymnasiallehrer in eine andere Stadt namens Sapele und kam alle zwei Wochen nach Benin, also begann ich bei meinem älteren Onkel zu wohnen. Als ich die 5. Grundschulstufe abgeschlossen hatte, musste ich Benin verlassen und bei meinem Onkel in Sapele leben, weil er zum stellvertretenden Schulleiter ernannt wurde. Ich begann mein erstes Schuljahr in derselben Gymnasiumschule, in der auch mein Onkel war. Ich war eine Tagesschülerin, weil ich nach der Schule nach Hause gehen und die Hausarbeit erledigen musste. In meinem zweiten Jahr musste ich in das Internat derselben Schule wechseln, weil mein Onkel in eine andere Stadt namens Asaba versetzt wurde. Im Internat half mir mein Onkel mit Lebensmitteln, und meine Mutter half mit einigen anderen Dingen. Später verließ ich das Internat in Sapele und zog zu meinem Onkel nach Asaba. Er wohnte außerhalb des Schulgeländes. Nach einiger Zeit zog er wieder nach Benin City zurück, mit einer neuen Frau, zwei weiteren Kindern und den beiden Jungen, die er vorher hatte, obwohl die beiden Jungen schon groß waren. Die zweite Frau war sehr nett und hilfsbereit, und wir verstanden uns gut. Das Haus, in dem wir wohnten, gehörte einem unserer Verwandten.

Später baute mein Onkel sein eigenes Haus in Benin, und wir zogen alle in das neue Haus. Die Kinder meines Onkels besuchten nun eine staatliche Schule, und auch ich besuchte eine andere staatliche Schule, die sehr weit von unserem Haus entfernt war. Ich musste morgens etwa 5 km von unserem Haus aus gehen, dann einen Bus für etwa 10 km nehmen, einen weiteren Bus für etwa 8 km oder mehr und dann noch einmal 5 km gehen, um zur

Schule zu kommen. Wenn ich in der Schule ankam, lernten alle anderen Kinder bereits in der Klasse. Wenn der Lehrer in der Klasse war, ging ich nicht hinein. Stattdessen versteckte ich mich, und wenn der Lehrer ging, ging ich in die Klasse, obwohl der Lehrer später zurückkam, um herauszufinden, ob ich in die Klasse gekommen war, und wenn er mich sah, schlug er mich immer noch mit dem Rohrstock. Nach all dem Unterricht und den Schlägen musste ich mich trotzdem hinsetzen und lernen, denn wenn ich es nicht tat, würde ich es selbst tun. Ich habe keinen Vater, und meine Mutter kann nicht für meinen Unterhalt aufkommen, obwohl das Schulgeld damals kostenlos war. Ich glaube nicht, dass ich sonst in der Lage gewesen wäre, zur Schule zu gehen; ich danke Gott herzlich dafür. Ich musste also zur Schule gehen, um einen Abschluss zu machen, damit ich nach der Schule einen Job bekommen konnte.

Als ich in der vierten Klasse war, verließ die zweite Frau meines Onkels ihn, und meine Großmutter lebte bereits bei meinem Onkel in Benin City, sodass ich für sie als Mutter einspringen musste, denn die Kinder der zweiten Frau waren noch sehr klein.

Die dritte Ehefrau meines Onkels

Ich übernahm die Aufgabe, das Haus zu führen, bis mein Onkel eine dritte Frau heiratete. Auch als die dritte Frau zu Hause war, gab mir mein Onkel immer noch Geld für die Versorgung des Hauses, bis ich eine hässliche Erfahrung mit seiner neuen Frau hatte; mein Onkel gab mir Geld, um auf den Markt zu gehen und Lebensmittel zu kaufen. Als ich vom Markt zurückkam, bewahrte ich die Lebensmittel in der Küche auf. Als ich zum Kochen kam, fehlte das Essen; ich suchte es überall, aber ich konnte es nicht finden. Ich fragte jeden, aber niemand gab zu, dass er es genommen hatte. Ich fing an zu weinen, weil so etwas in unserem Haus noch nie vorgekommen war. Ich ging zum Schrank meines Onkels in seinem Zimmer und sah das Essen dort. Als mein Onkel zurückkam, erzählte ich ihm alles, was passiert war. Er stellte mir keine Fragen, auch nicht seiner neuen Frau, sondern rief mich zu sich und schlug mich heftig, drückte mir einen Stuhl in die Hand und forderte mich auf, mich hinzuknien und meine Hand mit dem Stuhl in der Hand hochzuheben. Ich war sehr wütend und sagte ihm, dass ich nicht mehr mit ihm leben wolle. Ich packte meine persönlichen Sachen zusammen, und er warf sie nach draußen in den Regen. Ich packte meine nassen Sachen ein und verließ das Haus meines Onkels. Ich wusste nicht, was ich tun sollte; das Leben war wirklich hart für mich.

Ich traf Kellys Vater

Eine Woche, nachdem ich das Haus meines Onkels verlassen hatte, traf ich einen Mann namens Kito; er sagte, er sei gerade aus dem Ausland zurückgekommen. Er rauchte und kleidete sich wie jemand, der aus einem anderen Land kam. Er erzählte mir, dass er in Deutschland gewesen sei; wir verliebten uns ineinander, und ich blieb bei ihm, weil ich keinen anderen Ort hatte, zu dem ich gehen konnte. Ich konnte nicht zu meiner Mutter gehen, weil sie wütend auf mich war, weil ich das Haus meines Onkels verlassen hatte. Also musste ich mit ihm als meinem Freund zusammenleben, obwohl er bei seinen Freunden wohnte. Manchmal forderten ihn seine Freunde auf, die Wohnung seines Freundes zu verlassen – er verließ die Wohnung dieses Freundes und ging zu einem anderen Freund, denn er sagte, er arbeite an Reisepapieren für Leute, die das Land verlassen wollten. Er war jung und gut aussehend.

Später sagte er zu mir: „Ich werde dir helfen, einen Reisepass zu bekommen, und du wirst mit mir ins Ausland reisen."

Ich war sehr glücklich. Ich wusste nicht, dass er in einem Asyl in Deutschland war, bis einer seiner Freunde es erwähnte. Normalerweise besucht er seine Mutter, oder die Mutter kommt ihn bei seinem Freund besuchen, obwohl sie immer sagte, dass ich nicht gut genug für ihren Sohn sei. Immer wenn seine Mutter kam, brachte sie ihm etwas zu essen mit und gab ihm Taschengeld, weil er kein Geld hatte; er bekam nur Geld, wenn er Reisedokumente für Leute ausstellte, obwohl er sie meistens nicht fertigstellen konnte. Er besorgte meinen Reisepass, und als mein Pass fertig war, sagte er, ich solle Geld besorgen, um ihm zu helfen. Ich verkaufte meine Kleidung aus zweiter Hand, lieh mir Geld von der Cousine meiner Mutter, fügte es zu dem Geld aus meiner Kleidung hinzu und gab es ihm. Er legte sein eigenes Geld dazu und kaufte die Flugtickets. Ich wusste allerdings nicht, woher er sein eigenes Geld hatte; wahrscheinlich von den Reisedokumenten, die er für Leute ausstellte.

In Liberia gelandet

Wir sind abgereist, aber leider sind wir in Liberia gelandet und dort gestrandet. Am ersten Tag übernachteten wir in einem Hotel, am nächsten Tag hatten wir wieder kein Geld. Er musste jemanden suchen, bei dem er bleiben konnte. Liberia war ein schöner Ort, und die Menschen waren sehr gut. Sie halfen uns, weil er ihnen immer sagte, dass er das Land verlassen würde, aber später kaufte er Taschen und Schuhe für Nigeria, um sie zu verkaufen. Er hat alles verkauft, aber was er mit dem Geld gemacht hat, weiß ich nicht. Ich kam mit der Situation nicht zurecht, weil er keine eigene Mietwohnung hatte, also zogen wir ständig von einem Stadtteil zum anderen. Später kaufte er Tickets für uns, und wir reisten aus Liberia heraus, obwohl ich nicht wusste, wohin, bis wir zum Flughafen kamen und einen Flug aus Liberia heraus in ein anderes Land namens DDR nahmen.

Mein erstes Mal in Deutschland

Als wir dort ankamen, wusste ich nicht, dass er gekommen war, um Asyl zu beantragen. Sie ließen mich in eine der Städte, obwohl ich mich heute nicht mehr an den Namen der Stadt erinnern kann, weil mir damals alles sehr fremd vorkam. Sie erlaubten uns nicht, zusammenzuleben. Das war der Tag, an dem ich erfuhr, was Asyl ist. Wir waren in einer Reihe mit Menschen aus verschiedenen Ländern, und ich lebte in einer anderen Stadt. Das Zimmer, in dem ich wohnte, war voll mit deutschen Frauen, die mit verschiedenen Männern schliefen.

Eines Tages rief Kito mich an und sagte, dass wir zurück nach Nigeria ziehen sollten. Er meinte, dass die Schwester, die in Amerika lebt, sagte, wir sollten nach Amerika kommen und dass Amerika besser sei als Deutschland. Ich war sehr glücklich, weil ich dachte, er würde mir die Wahrheit sagen. Ich wusste nicht, dass er mich täuschte, denn in Deutschland konnte man kein Englisch sprechen, und ich konnte zu dieser Zeit kein Deutsch sprechen. Also ging ich zum Amt und sagte ihnen, dass ich nach Nigeria ausreisen wollte, und sie sagten ok. Sie kauften ein Ticket für mich, und ich reiste nach Nigeria.

Zurück nach Nigeria

Ich war derjenige, der zuerst nach Nigeria kam und zwei Wochen blieb, bevor er kam. Sein Neffe, der am Flughafen arbeitete, half uns und stellte ihm ein Zimmer seiner Zweizimmerwohnung zur Verfügung, weil er dachte, wir würden nicht allzu lange bleiben, aber wir mussten lange dort bleiben.

Eines Tages erzählte er seinem Neffen, er wolle nach Benin fahren und Tickets für uns kaufen, damit wir nach Amerika reisen konnten. Also ging er nach Benin. Ich wartete darauf, dass er wie versprochen zurückkam, aber er kam nicht. Jetzt schämte ich mich, und so reiste ich nach Benin, um nach ihm zu suchen. Als ich in Benin ankam, brachte mich ein Freund der Familie zu dem Ort, an dem er wohnte. Als ich dort eintraf, sah ich ihn trinken, rauchen und sich amüsieren. Ich war sehr wütend. Ich blieb eine Weile, und dann reisten wir zurück nach Lagos, um unsere Sachen aus der Wohnung seines Neffen zu packen, aber wir hatten keinen festen Wohnsitz, also gab ihm einer seiner Freunde etwas Geld, um ein Haus zu mieten; er mietete ein Zimmer in Lagos. Nachdem das Geld weg war, gab es kein Geld mehr für die Miete, und ich musste zu einem der Brüder in Lagos ziehen, obwohl ich nicht weiß, wie sie miteinander verwandt waren. Wir zogen in ihr Haus und begannen, bei ihnen zu leben, und dann wurde ich mit Kelly schwanger. Ich hatte kein Geld, trug nur eine Bluse und band mir ein Tuch um. Ich musste mir überlegen, was ich essen sollte; die Frau, bei der ich wohnte, war sehr gut zu mir, obwohl sie nicht genug Geld hatte, um gut zu leben. Als ich sah, dass das Leben schwierig war, musste ich betteln gehen, denn die Frau hatte ihr Bestes für mich getan. Ich dankte ihr aus tiefstem Herzen. Ich musste ihr Haus verlassen und in ein anderes Haus umziehen. Kito ging jede Nacht arbeiten, aber das Geld, das er erhielt, reichte nicht aus, um eine Einzimmerwohnung zu bezahlen. Das Geld reichte nicht aus, um uns zu ernähren, aber weil ich schwanger war, gab mir ein Yoruba-Mann in der Nachbarschaft jeden Tag fünf Nairas (N5) zu essen, denn die Yorubas sind sehr mitfühlend mit ihren Mitmenschen.

Eines Tages, als ich schlief, hörte ich ein Klopfen an der Tür und fragte: „Wer ist das?"

Die Person sagte: „Ich bin es, deine Mutter."

In dem einen Zimmer, das wir gemietet hatten, gab es kein Bett, nur einen Teppich und eine Matte auf dem Boden. Als ich meine Mutter mit einer meiner alten Freundinnen sah, flossen die Tränen aus meinen Augen. Ich weinte laut; sie hielt mich fest und sagte, ich solle ihr zurück nach Benin City folgen. Ich sagte ja, denn das Leid wurde unerträglich. Ich war Gott sehr dankbar, dass meine Mutter kam.

Zurück zum Haus meiner Mutter in Benin City

Ich folgte meiner Mutter zu ihrem Haus in Benin. Wir nahmen fast fünf Busse, um dorthin zu gelangen. Als wir in Benin ankamen, schämte ich mich sehr, aber was konnte ich tun? Meine Mutter erzählte mir später, dass sie die Polizei geschickt hatte, um Kitos Mutter zu verhaften, und als ich fragte, warum, sagte sie, weil sie mich überall gesucht hätten. Ich sagte ihr, dass sie das nicht hätte tun dürfen, weil die Frau nicht wusste, wo ich war. Ich war wütend und bat sie, die Polizei zu bitten, sie freizulassen.

Wohnen bei Kitos Eltern

Später beschloss ich, zum Haus der Mutter meines Freundes zu gehen. Sie hatte zwei kleine Kinder, die bei ihr und ihrem Mann lebten; sie hatten kein eigenes Haus, sondern zwei Zimmer gemietet. Als ich dort ankam, kniete ich nieder und bettelte sie an, und ich zog bei ihnen ein. Ich musste hinten im Bett schlafen, weil ich schwanger war, und die beiden kleinen Kinder schliefen auf dem Boden.

Die Mutter von Kito fragte mich immer wieder, warum ich von ihrem Sohn schwanger geworden sei. Sie meinte, der Sohn sei ein guter Mann, der im Ausland lebe und deshalb eine bessere Person verdiene. Ich lebte mit ihnen zusammen und musste all ihre Beleidigungen ertragen, aber das Leben war auch für sie so hart, dass ich nach einiger Zeit mit meinem Sohn das Haus verließ; zu diesem Zeitpunkt hatte ich Kelly geboren.

Kito war die ganze Zeit über in Lagos, während ich bei den Eltern war. Später zog er nach Benin um, und mein Sohn und ich zogen zu ihm. Wir mieteten eine Einzimmerwohnung ohne Bett, nur mit Teppich und einer Matte zum Schlafen. Ich versuchte, auf dem Markt Waren zu verkaufen, und begann, ein wenig Geld für die Miete zu verdienen. Kito ging morgens zu seinen Freunden und kam erst abends zurück. Wir stritten uns die meiste Zeit, und ich hasste mich, denn ich konnte mir nicht einmal ein Roll-on für meine Achselhöhle kaufen, keine Zahnpasta zum Zähneputzen und auch keine spezielle Creme zum Einreiben meines Körpers. Wenn ich meine Periode hatte, benutzte ich Klopapier, und ich betete zu Gott und fragte, wann all dieses Leid ein Ende haben würde.

Eines Tages stritten wir uns wieder; ich beleidigte ihn und er schlug mich, woraufhin ich meinen Sohn Kelly mitnahm, das Haus, das wir gemietet hatten, verließ, zum Haus meiner Mutter ging und dort zu leben begann. Meine Verwandten fingen an zu lachen und machten sich über mich lustig, weil ich nicht wie jemand aussah, der ins Ausland gereist war. Ich hatte keine Arbeit und nichts zu tun, aber Gott, der Allmächtige, half mir durch die Mutter des Anwalts, die in dem Haus gegenüber dem Haus meiner Mutter wohnte. Sie fragte mich, ob ich ihr helfen könnte, ihr Haus zu putzen und ab und zu für sie zum Markt zu gehen. Ich sagte zu, kein Problem, stimmte zu und fing an. Sie kaufte Babynahrung für meinen Sohn, der damals noch sehr klein war, und er war sehr hübsch. Wenn ich für sie arbeitete, kümmerte ich mich um meinen Sohn oder nahm ihn manchmal mit. Manchmal reisten wir mit ihrer Tochter, die Richterin in Ekpoma im Bundesstaat Edo war. Ihre Tochter kümmerte sich gut um uns, und als wir von Ekpoma nach Benin zurückkehrten, kaufte sie mir Essen und gab mir Geld. Das Leben war besser.

Ich machte den Job, bis mein Sohn etwa zwei Jahre alt war. Er besuchte einen Kindergarten in der Nähe unseres Hauses, und der Besitzer der Schule kam und brachte ihn zur Schule und brachte ihn auch wieder zurück. Nach einigen Jahren zog die Mutter des Anwalts nach Asaba, in ihre Heimatstadt. Das Leben war wieder nicht einfach, obwohl mein Sohn und ich sie in Asaba besuchten. Wenn wir zurückkamen, gab sie mir etwas Geld, damit ich für mich und meinen Sohn sorgen konnte. Nach einer Weile hörte ich auf, sie zu besuchen, aus Gründen, die ich nicht einmal sagen kann. Ich suchte mir eine andere Arbeit in einem Restaurant in Benin City. Ich kochte in dem Restaurant, aber das Leben war sehr hart, deshalb hörte ich auf, dort zu arbeiten. Ich packte auch meine Sachen und verließ das Haus meiner Mutter, um bei einem Freund der Familie in einem anderen Teil der Stadt zu wohnen, dem Ort, an dem ich zuvor gewohnt hatte, als ich das Haus meines Onkels verließ. Nach einer Weile ließ ich meinen Sohn bei der Frau zurück und ging in eine andere Stadt in Benin namens Okomu, um mir eine Arbeit zu suchen, denn ich musste Geld verdienen; das Leben war sehr schwierig.

Ich war in einem nahe gelegenen Dorf namens Oko. Dort musste ich um 5 Uhr morgens mit meiner Freundin aufwachen; wir teilten uns ein Zimmer. Ich kannte sie aus Okada, dem Dorf, in dem ich zuvor gelebt hatte, um Geld zu suchen. Ich habe im Dorf Akara (Bohnenbällchen) gebraten, und später sagte man mir, ich solle zu den Nachtmännern kommen; ich konnte nicht, also beschloss ich, die Bratpfanne einzupacken. Diese Frau bat mich dann, nach Okomu zu kommen, und wir begannen, zusammen in einem Zimmer zu wohnen und die Miete zu teilen. Manchmal fuhr sie in ihr Dorf, um Essen zu holen. Wir schliefen im selben Bett. Morgens wachten wir um 5 Uhr auf, um uns vorzubereiten und den Lastwagen um 6 Uhr abzuholen. Der Lastwagen war immer voll mit Männern und Frauen; wir mussten im Inneren des Lastwagens stehen, bis wir in Okomu ankamen.

Als der Lkw in Okomu ankam, stiegen alle aus und gingen in ihre verschiedenen Bereiche, um zu arbeiten. Meine Freundin und ich arbeiteten in derselben Abteilung; das Unternehmen war eine Palmölfarm; wir mussten in den Busch gehen, zwischen die Palmen und sie dann mit Chemikalien einreiben, um zu verhindern, dass Unkraut auf ihnen wuchs. Es war eine schwierige Arbeit, und ich hatte immer Angst vor dem Busch wegen der wilden Tiere, wie Schlangen, Buschratten usw. Wenn ich mit meiner Arbeit fertig war, ging ich zu meiner Freundin und fragte sie, ob sie auch fertig sei, und wenn sie fertig war, gingen wir beide zum Lastwagen, stiegen ein, und der Lastwagen brachte uns nach Hause. Zu Hause angekommen, zogen wir uns aus, nahmen ein Bad, suchten uns etwas zu essen und ruhten uns dann für die Nacht aus.

Am nächsten Tag nahmen wir die gleiche Routine wieder auf, bis wir zum Monatsende unsere Lohnabrechnungen bekamen, um zu sehen, wie viel Geld wir verdient hatten, und ich war immer froh, wenn ich mein Geld am Ende des Monats bekam. Ich schickte einen Teil des Geldes an die alte Frau, die sich um meinen Sohn in Benin City kümmerte, und kaufte auch Lebensmittel für sie, wenn ich nach Benin fuhr. Manchmal verbrachte ich dort zwei oder drei Tage mit meinem Sohn, bevor ich nach Udo zurückkehrte, um in Okomu zu arbeiten. So ging es mir eine Zeit lang, und ich war glücklich, bis meine Mutter mich eines Tages an meinem Arbeitsplatz in Okomu aufsuchte und mir sagte, dass mein älterer Bruder, der aus Österreich kam, mich sehen wollte. Ich folgte meiner Mutter in der Hoffnung, dass er mir helfen würde, aus Nigeria auszureisen. Einer der Nachbarn meiner Mutter begleitete mich zu ihm; als wir zu dem Haus kamen, in dem mein älterer Bruder mit meinem Onkel aus Kanada wohnte, bei dem ich früher gewohnt hatte, kniete ich nieder und bat ihn, mir zu helfen.

Er sagte zu mir: „Jemand, der ein Kind geboren hat, kann nicht ins Ausland gehen." Ich weinte sehr, als ich diese Worte hörte. Der Nachbar meiner Mutter, der mich begleitete, sagte mir, ich solle nicht weinen, solange es Leben gebe, würden die Dinge besser werden, und ich solle es ruhig angehen lassen. Meine Mutter versuchte ihn zu fragen, warum er vergessen hatte, dass ich von dem Geld, das mir mein Onkel gab, immer Geld abzwackte, um Essen zu kaufen und es ihm zu schicken, wenn ich jemanden sah, der aus Österreich zu Besuch nach Nigeria kam.

Immer wenn mein älterer Bruder aus Österreich zu Besuch in Nigeria war, brachte er Kleidung für seine Freunde mit, aber mir, seiner Stiefschwester, schenkte er nichts, nur einmal gab er mir aus Versehen ein Paar gelbe Damenschuhe, aber er kam zurück, um sie abzuholen, und ich musste zu meiner Arbeit bei Udo zurückkehren.

Nach einiger Zeit verhalf mir mein Onkel zu einer Stelle bei der Bendel Line Transport Company in Benin, weil sein Freund der Direktor des Unternehmens war. Ich arbeitete dort zwei Jahre lang, und wir fuhren Busse von einem Teil des Staates in einen anderen; die Arbeit war nicht schwierig, aber sie dauerte nicht lange; das Unternehmen hatte Probleme, und meistens kam ich sehr spät zurück. Zu dieser Zeit lebte mein Sohn bereits bei meiner Mutter.

Zurück nach Lagos

Ich verließ den Job in der Bendel-Linie und reiste nach Lagos, um bei einer befreundeten Familie zu wohnen, die ein Restaurant in Badagry besitzt. Ich beschloss, ihr bei der Führung des Restaurants zu helfen. Nach einigen Monaten erzählte ihr jemand, dass in einem Hotel eine Stelle als Rezeptionistin frei sei und ob ich die Stelle annehmen wolle. Ich sagte zu und war sehr glücklich. Das Hotel war zwar nicht besonders schön oder sauber, aber ich hatte keine andere Wahl. Ich arbeitete dort mit anderen Leuten zusammen, und wir verstanden uns gut.

Nach einigen Monaten reiste ich zu einem Besuch nach Benin. Meine Mutter war draußen und saß auf einem kleinen Hocker. Als sie mich sah, war sie sehr glücklich; ich hatte ihr in Lagos eine Matratze gekauft. Ich verbrachte eine Woche bei meiner Familie, dann musste ich nach Lagos zurückkehren und meine Arbeit wieder aufnehmen.

Einen Monat später besuchte ich meine Familie erneut und beschloss, einen Freund der Familie, Herrn Asien, zu besuchen, der Kellys Vater zuvor in Deutschland geholfen hatte, denn der Bruder hatte mir gesagt, dass er nach mir gefragt hatte. Er erzählte mir, dass er einen deutschen Freund namens Stefan hat und dass sie für ihn im Blumengarten arbeiten. Er zeigte mir zwei seiner Fotos und sagte, er habe ihm von mir erzählt und dass sein Freund an mir interessiert sei und mir helfen werde, nach Deutschland zu reisen, obwohl er viel älter sei als ich.

Ich lernte Stefan kennen

Stefan und ich tauschten eine Reihe von Briefen aus, und in einem der Briefe erzählte er mir, dass er einen Vater, eine Mutter und eine Schwester hatte und dass er auch ein Haus besaß. Es war mir ziemlich egal, was er hatte, denn ich war bereits in ihn verliebt. Wir unterhielten uns etwa ein Jahr lang, und in seinem letzten Brief teilte er mir mit, dass er nach Nigeria kommen würde, um mich zu heiraten; ich war sehr glücklich. Mein Familienfreund, Herr Asien, seine Frau und Stefan kamen nach Nigeria. Wir wohnten alle in einem Hotel. Er kaufte ein Nachthemd für mich, das ich zum Ausgehen trug. Er sagte mir, es sei ein Nachthemd, das man nachts im Haus tragen sollte. Ich sagte ihm, dass wir in Nigeria nicht viel Wert darauf legen, was wir anziehen, und dass es für uns normal ist, Nachtwäsche zu jeder Tageszeit zu tragen. Ich kaufte auch afrikanische Kleidung und machte sie für uns beide klein. Ich brachte sie zu meiner Mutter, die bereits Freunde und Verwandte zu sich nach Hause eingeladen hatte, und einige Nachbarskinder standen vor dem Haus. Meine Mutter bat meine jüngere Schwester, das Essen vorzubereiten, da ein weißer Mann und seine Schwester zu Besuch kommen würden. Nachdem wir meine Mutter besucht hatten, fuhren wir zurück zum Hotel.

Am nächsten Tag besuchten wir meinen Onkel, der in Benin lebt, denn er war derjenige, der auf dem Standesamt als mein Vater einspringen würde, da ich keinen Vater mehr hatte.

Am nächsten Tag wachten Stefan und ich pünktlich auf und zogen die einheimische Kleidung an, die ich angefertigt hatte, bevor sie nach Nigeria kamen. Herr Asien und seine Frau zogen auch ihre eigene Tracht an. Wir charterten ein Taxi zum Ort der standesamtlichen Trauung. Stefan gab mir auch 3.000 DM, die ich Herrn Asien gab, um ihm für seine Hilfe zu danken.

Trauung eines weißen Mannes

Wir fuhren zum Ort der Hochzeit. Meine Mutter war schon da, in ihrer einheimischen Kleidung, und meine jüngere Schwester und zwei meiner Familienmitglieder vertraten meinen Vater, und Herr Asien und seine Frau waren auch da. Die Vertreter des Standesamtes waren nur zwei Männer, und einer von ihnen fragte uns, ob wir heiraten wollten; wir sagten ja. Stefan holte den Ring, den er aus Deutschland mitgebracht hatte, aus seiner Tasche und gab ihn dem Mann, der den Ring auf den Tisch legte und mich fragte, ob ich Stefans Frau werden wolle. Ich sagte ja. Als ich ja sagte, sah ich Stefan an; er sah alt aus, aber in Afrika war das normal. Obwohl die Leute in Afrika ihn meinen „Sugar Daddy" nennen würden, machte mir das nichts aus, solange er sich gut um mich kümmern konnte. Später forderte uns der Standesbeamte auf, aufzustehen, und er bat Stefan, meine Hand zu nehmen und mir den Ring an den Finger zu stecken. Ich streifte ihm ebenfalls einen Ring an den Finger, und der Mann erklärte uns zu Mann und Frau. Meine jüngere Schwester bereitete Reis zu und brachte ihn ins Gästehaus. Wir kauften dort einige Getränke, aßen und verließen das Gästehaus. Ich war sehr froh, dass alles gut gegangen war.

Nach einer Woche verließ Stefan Nigeria mit den Asiaten und fuhr zurück nach Deutschland. Nachdem Stefan abgereist war, ging ich zurück zum Haus meiner Mutter, und meine Mutter fragte mich, ob der weiße Mann nicht zu alt für mich sei. Ich sagte ihr, dass er besser sei als all die schwarzen Männer, die sich nicht um ihre Frauen kümmern könnten, und sie sagte, ich hätte recht.

Als Stefan in Deutschland ankam, schrieb er mir, und ich schrieb ihm auch und dankte ihm für sein Kommen. Ich lebte jetzt in Benin bei einer meiner Freundinnen, während ich auf mein Visum wartete. Nachdem ich einige Zeit gewartet hatte, war mein Visum fertig, und ich ging zur Botschaft, holte mein Visum ab und reiste nach Deutschland.

Zurück nach Deutschland

Als ich in Deutschland ankam, warteten Stefan und Herr Asien bereits am Flughafen auf mich. Als sie mich sahen, umarmten sie mich und verließen mit mir den Flughafen. Unterwegs sprachen sie Deutsch, sodass ich nicht verstand, was sie sagten. Ich trug ein langes Kleid, blaue Schuhe und eine Jacke. Die Schuhe taten mir an den Füßen weh. Als wir zu Stefans Haus kamen, sah ich seine Eltern, die beide alt waren. Er trug meine Tasche nach oben, und ich saß immer noch unten bei seinen Eltern. Stefans Schwester Emilia war auch da, um mich zu sehen, und sie versuchte, Englisch zu sprechen, denn Stefan sprach Englisch mit mir, obwohl es nicht perfekt war. Sie bereiteten das Essen vor, aber ich konnte zuerst nichts essen; später ging ich nach oben. Stefan zeigte mir den Kleiderschrank. Es war allerdings ein alter Schrank, er bat mich, meine Kleider darin zu ordnen, was ich auch tat. Nachts schliefen wir zusammen in einem Bett. Stefan hatte viele afrikanische Filmkassetten, die wir uns gemeinsam ansahen. Er versuchte, mir die Filme zu erklären; manchmal verstand ich sie, manchmal nicht, und ich demonstrierte sie ihm dann mit meinen Händen.

Stefan hatte zwei Wochen Urlaub, den er mit mir verbrachte, bevor er wieder zur Arbeit ging. Wenn er zur Arbeit ging, kam ich nach unten und half den Eltern bei der Hausarbeit und der Zubereitung der Mahlzeiten. Ihre Mahlzeiten waren sehr schwierig zuzubereiten, obwohl Stefan vorher Reis gekauft hatte, da wir in Nigeria viel Reis essen. Stefans Schwester backte normalerweise Kuchen und brachte ihn uns, weil sie im selben Dorf wie wir wohnte. Wenn ich mit Stefans Mutter in der Küche war, versuchte sie, mir einige Dinge auf Deutsch zu erklären; wenn ich etwas nicht verstand, wartete ich, bis Stefan zurückkam; sie wiederholte, was sie sagte, und er erklärte es mir. Die Mutter hatte Schmerzen in den Beinen, sodass sie nicht richtig gehen konnte, und der Vater hatte auch ein Lungenproblem.

Später schickte mich Stefan zu einer pensionierten deutschen Lehrerin, um mich bei ihr anzumelden. Als wir im Haus der Lehrerin ankamen, sprach sie Englisch mit mir, denn seit ich nach Deutschland gekommen war, konnte ich nicht mehr so sprechen, wie ich wollte. Sie fragte mich, woher ich Stefan kannte und warum ich ihn geheiratet hatte, denn sie konnte sehen, dass er ein bisschen zu alt für mich war.

Ich sagte ja, aber in Afrika ist das kein Problem, und erzählte ihr ein Gleichnis, das mir meine Mutter in Nigeria erzählt hatte. Sie gab mir das Datum und die Uhrzeit für die Fortsetzung, die sie auf einen kleinen Zettel schrieb, damit ich sie gut sehen konnte. Später verließen Stefan und ich die Wohnung der Frau, und er sagte mir, ich solle versuchen, sehr gut Deutsch zu lernen, um mit seinen Eltern kommunizieren zu können, wenn er nicht da ist, und auch für zukünftige Zwecke. Manchmal, wenn ich Stefan zum Einkaufen in die Geschäfte folge, schauen mich die Leute, die ihn kennen, an, weil es ein kleines Dorf ist.

Stefans Haus hat einen Taubenschlag im Garten. Jeden Abend gehen wir zum Taubenhaus, und ich gebe ihnen Futter und Wasser. Er hat allen Tauben Namen gegeben; eine von ihnen hieß Mercy (Gnade), und jedes Mal, wenn er den Namen rief, flog die Taube herbei und setzte sich auf seinen Kopf; das war wirklich lustig. Manchmal folgte ich ihm in den Garten, um ihm bei der Reinigung zu helfen, besonders an den Wochenenden, wenn er mehr Zeit hatte. Ich pflanzte auch Pflanzen im Garten an, die ich immer bewässerte.

Ich begann, am Deutschunterricht teilzunehmen; Stefan setzte mich dort ab, aber nach einiger Zeit hörte er auf, und ich ging zu Fuß dorthin, weil es nicht sehr weit war. Zwei Monate, nachdem ich in Deutschland angekommen war, wurde ich schwanger. Stefan war geschockt; er sagte, er glaube nicht, dass das Kind von ihm sei.

Er brachte ein Mikroskop mit, um zu sehen; er nahm sein Sperma und legte es unter das Mikroskop, um zu sehen, ob sein Sperma schwimmen würde – ich schaute ihn nur an. Dann sagte er, die Schwester seiner Cousine habe kein Kind und wenn ich das Kind zur Welt bringe, würde sie kommen und es adoptieren. Ich sagte ihm, dass es nicht mein Kind ist, das seine Cousine es adoptieren wird; ich war sehr wütend. Ich begann mich zu fragen, was mit diesen Männern überhaupt los ist. Ich verstehe sie nicht, denn seit ich nach Deutschland gekommen bin, hat er mich nicht mit einem anderen Mann gesehen. Ich machte trotzdem weiter mit meinem Deutschunterricht bei Frau Ella.

Stefans Vater war ein guter Mann. Als er sah, dass ich schwanger war, fing er an, mir jeden Monat 200 DM zu geben. Manchmal forderte er mich auf, spazieren zu gehen, aber das tat ich nicht, weil ich keine Freunde hatte, obwohl ich hoffte, dass ich vielleicht eines Tages welche haben würde. Stefans Vater meldete mich bei einer Bank an, damit ich mein Geld dort sparen konnte; ich wusste, dass ich in Zukunft bessere Zeiten erleben würde. Einen Teil des Geldes würde ich nach Nigeria schicken, um das Schulgeld für Kelly und das Essen für meine Familie zu bezahlen.

In diesem Jahr, als ich schwanger war, erzählte ich ihm, dass ich einen Sohn in Nigeria hatte. Er sagte, wenn ich wolle, könne ich meine Familie nach Deutschland holen, denn mein Familienfreund, der mich ihm vorgestellt hatte, sagte ihm, dass meine Familie nicht so reich sei. Ich sagte ihm, dass wir nicht reich seien und uns gerade so ernähren könnten. Meine Mutter war die Einzige, die sich um den Rest meiner Familie in Nigeria kümmerte, und ich vermisste sie sehr. Manchmal weinte ich, weil es niemanden gab, mit dem ich reden konnte; ich war allein, und niemand verstand mich. Das Schlimmste war, dass Stefans Wohnung im Obergeschoss lag, mit einem Wohnzimmer, einem Schlafzimmer, einer Küche, die sehr klein war, und einem Badezimmer, das durch eine Glastür von der Küche getrennt war. Man konnte die Person im Bad sehen, wenn man in der Küche war. Ich habe nicht oben gekocht, ich habe der Mutter beim Kochen geholfen, und wir haben unten gegessen. Ich habe Stefan gesagt, dass wir manchmal oben essen sollten, aber er war anderer Meinung; selbst wenn ich oben in der Küche kochte, brachten wir das Essen nach unten, aber immer, wenn die Freundin der Mutter aus Kindertagen in der Nähe war, bat er mich, oben zu bleiben, denn wenn sie mich sah, würde sie im ganzen Dorf verbreiten, dass sie Stefans Frau gesehen hatte. Ich bin nicht viel ausgegangen, weil ich nicht viele Leute kannte. Auch die Kommunikation mit meiner Familie in Nigeria war sehr schwierig, da Telefone sehr teuer waren. Manchmal schrieb ich Briefe, aber es dauerte sehr lange, bis die Briefe in Nigeria ankamen.

Stefan nahm mich gewöhnlich mit zu seinen Cousins und seiner Tante. Jedes Mal, wenn ich sie besuchte, kauften sie mir Kleidung und versuchten, mich glücklich zu machen. Stefan hatte keine Freunde außer Hans, seinem Jugendfreund; er war immer allein, obwohl er gerne mit seiner Mutter sprach. Wenn er von der Arbeit nach Hause kam, erzählte er seiner Mutter alles, was in seinem Büro passierte; er liebte seine Arbeit auch sehr.

Lena kam zur Welt

Im neunten Monat wurde ich ins Bett gebracht und Lena wurde geboren. Stefans Vater kam mit seiner Schwester, um mich im Krankenhaus zu besuchen; als er kam, brachte er das Sparbuch mit und schrieb Lenas Namen darauf; er war sehr glücklich. Ich verbrachte etwa eine Woche im Krankenhaus, bevor Stefan kam, um uns nach der Entlassung nach Hause zu bringen. Als wir nach Hause kamen, erwartete ich, dass Stefan sagen würde, er würde das Kind zur Adoption freigeben, aber er erwähnte es nie wieder. Die Nachbarn kamen mich besuchen und brachten Geschenke mit, nur um zu sehen, ob das Baby weiß oder schwarz war.

Allmählich wuchs Lena. Als sie ein Jahr und sechs Monate alt war, begann sie langsam zu laufen. Ich wusste nicht, dass sie Anspruch auf ein gewisses Geld hatte, das die deutsche Regierung für jedes in Deutschland geborene Kind zahlte und das der Mutter zustehen sollte, vor allem, wenn sie nicht arbeitete. Der Vater *kassierte* das Geld, ohne es mir zu sagen, weil er wusste, dass ich weder Deutsch sprechen noch die Sprache sehr gut verstehen konnte.

Als Lena etwa drei Jahre alt war, organisierte Stefan, die Reise nach Nigeria. Er kaufte die Tickets, damit wir Nigeria besuchen konnten, bevor Lena in den Kindergarten kam. Wir reisten nach Nigeria, und mein Cousin wartete am Flughafen auf uns. Am ersten Tag wohnten wir in einem Hotel in Lagos, und am nächsten Tag fuhr er uns nach Benin City. Als wir in Benin ankamen, übernachteten wir in einem Hotel, und meine Schwestern, Brüder und einige Familienmitglieder kamen uns im Hotel besuchen; dann besuchte ich sie nach und nach, einen nach dem anderen. Ich hatte vier große Taschen voller Geschenke dabei, und ich gab einige Geschenke und andere Geld, nachdem ich das Geld in Naira gewechselt hatte. Außerdem gab ich meiner Mutter etwas Geld, damit sie kochen und sich um Kelly kümmern konnte. Wir blieben etwa drei Wochen in Nigeria, kauften einige Sachen, um sie Freunden und Stefans Verwandten zu schenken, und kehrten dann nach Deutschland zurück. Als wir nach Hause kamen, waren Stefans Eltern sehr glücklich, und auch ich war sehr glücklich; auch die Schwester kam zu Besuch. Jedes Mal, wenn Emilia zu Besuch kam, zeigte Stefans Mutter, dass sie die Chefin von mir war, und Stefan sagte immer, ich solle mitspielen, denn er habe mich aus Afrika mitgebracht, und in Afrika müsse man härter arbeiten als hier. Ich nahm meinen Deutschunterricht im Haus von Frau Ella wieder auf. Ich hatte ihr Geschenke mitgebracht, als ich aus Nigeria zurückkam, und ich begann, nach und nach Deutsch zu verstehen.

Ich kochte immer noch unten, und wir aßen immer noch zusammen, aber zu Weihnachten gab mir Stefans Vater 1000 DM und sagte, dass seine anderen Enkelkinder zu Weihnachten zu Besuch kommen würden. Ich kochte, putzte das ganze Haus und richtete es sehr schön her. Weihnachten war immer eine sehr schöne Zeit. Am Weihnachtstag brachten die Enkel Geschenke für die anderen Familienmitglieder und mich mit, und als das Silvesterfest vorbei war, fuhren sie zurück in ihre Stadt.

Stefan war ein geiziger und eifersüchtiger Mann; er gab mir kein Geld für Lebensmittel, stattdessen kaufte er die Lebensmittel und brachte sie nach Hause. Als Lena drei Jahre alt war, wurde sie in einem Kindergarten angemeldet. Ich brachte sie nur vormittags dorthin, weil ich nicht arbeitete, obwohl ich neben dem Deutschunterricht auch eine Fahrschule besuchte. Stefan sagte, er würde die Fahrstunden nicht bezahlen; er meinte, ich würde die Fahrprüfung nicht bestehen, weil ich nicht so gut Deutsch verstehe. Also nahm ich einen Job bei einer Freundin der Familie an, die früher die Haare von Stefans Mutter frisierte. Sie suchte jemanden, der ihr beim Hausputz half, aber die Arbeit war sehr schwierig. Die Frau brachte mir all ihre Sachen, sehr große Gegenstände, zum Putzen, und wenn ich fertig war, bezahlte sie mich sofort. Ich sparte das Geld, um meine Fahrstunden zu bezahlen, da mein Mann nicht bereit war, dafür zu zahlen.

Es gab auch eine Französin, die so alt war wie Stefan, die ich durch meine Deutschlehrerin kannte und die mich immer ermutigt hat. Sie rief mich manchmal an und sprach Englisch mit mir, obwohl mein Mann nicht wollte, dass ich mit ihr sprach. Ich machte meine erste Fahrprüfung und bestand sowohl die englische als auch die deutsche Prüfung. Jetzt konnte ich fahren; ich fuhr Stefans Eltern und auch die Schwester jedes Mal raus, wenn sie zu Besuch kam. Wenn Stefan am Steuer sitzt und ich einen schwarzen Mann sehe, der mir die Hand schüttelt, schaut er mich mit seinen Augen an. Er liebt sich selbst so sehr, dass ihn andere Menschen nicht interessieren. Ich habe beschlossen, eine Freundin zu haben, die in der Nähe wohnt, weil ich gehört habe, dass es eine Afrikanerin gibt, die mit einem deutschen Mann verheiratet ist. Sie hat auch eine Tochter und kommt aus Südamerika; ich war sehr bereit, sie zu sehen und mit ihr zu sprechen. Ich rief sie an und sprach mit ihr auf Englisch, und sie sagte, es sei noch nicht lange her, dass sie ihren Mann geheiratet habe und dass sie glücklich sei; sie versprach, mich zu besuchen.

Eines Tages kam sie mit ihrer Tochter zu Besuch, und ich war im oberen Stockwerk. Wir unterhielten uns, sie fragte mich, wann ich nach Deutschland gekommen sei und dass sie auch schon von mir gehört habe. Sie erzählte mir, dass sie auch keine Freunde in Bexbach hat, aber sie hat südafrikanische Freunde in anderen Städten.

Sie sagte, sie tanze Tongo, und wenn ich wolle, könne ich mich ihr anschließen. Eines Tages besuchte ich sie auch, und sie kochte ekuadorianisches Essen für mich; ich aß es; es war sehr lecker, und es schmeckte mir sehr gut. Sie sagte auch, ich könne sie jederzeit besuchen kommen, aber ich müsse sie vorher anrufen. Ich sagte ok, verstand aber nicht, warum sie mich bat, sie immer zuerst anzurufen, bevor ich sie besuche, denn in Afrika rufen wir Menschen nicht an, bevor wir sie besuchen. Wenn man sie von Angesicht zu Angesicht sieht, sagt man ihnen, wann man sie besuchen kommt, und sie werden auf einen warten. Ich habe es nicht laut gesagt, damit sie es hören konnte, ich habe es nur in meinem Kopf behalten, weil ich dachte, dass sie mich nicht will, weil sie eine weiße Frau ist. Sie wohnt sehr weit weg von mir, etwa einen Kilometer weit weg.

Eines Tages war Stefan am Telefon. Er sagte, dass die Frau eines Familienfreundes sich nach mir erkundigt, dass sie am Telefon sei; ich war sehr glücklich, wir sprachen nur ein wenig auf Englisch und sie legte auf. Sie ist eine sehr nette Person; sie sagte, sie würde mich besuchen kommen, und sie fragte mich, wer meine Haare stylt; ich sagte ihr, eine meiner Kirchenfreundinnen, und dann schickte sie mir die Haarcreme mit der Post zu. Sie sagte, wenn ich wolle, würde sie mit ihrem Mann kommen, mich abholen und wir würden in eine große Stadt fahren. Ich sagte ihr, dass ich, seit ich Stefan geheiratet habe, noch nie in einer Großstadt war, und sie fragte mich, warum?

Es war ein Samstag, und sie und ihr Mann fuhren zu meinem Haus und holten mich ab. Ich war sehr glücklich; sie fragte mich, ob ich einige der Dörfer in der Umgebung kenne, und ich sagte nein. Wir kamen nach Saarbrücken, einem sehr schönen Ort, und wir sahen einige farbige Menschen herumlaufen. Wir fragten einige, ob es dort einen afrikanischen Laden gäbe, und der Passant beschrieb ihn uns, also gingen wir hin. Stefan hatte mir Geld gegeben, um Haarcreme zu kaufen, dann gingen wir in ein anderes Geschäft und ich kaufte Schuhe für mich, während der Ehemann auf uns wartete. Die Frau kannte den Ort sehr gut, weil sie schon eine Weile nach Saarbrücken gekommen waren; ich war sehr glücklich. Wir fuhren zurück, und sie setzten mich zuerst ab, bevor sie nach Hause fuhren. Als ich das Haus betrat, zeigte ich Stefan, was ich gekauft hatte, und er sagte, sie seien in Ordnung, wenn sie mir gefielen. Ich sagte, ich würde sie am Sonntag für die Kirche anziehen. Am Sonntag zog ich die gekauften Kleider, die Schuhe und den Schal auf meinem Kopf an und wir gingen in die römisch-katholische Kirche, die sie besuchen. In der Kirche sahen mich alle an und sagten, das sei Stefans Frau. Es gibt eine christliche Schwester, die in der gleichen Kirche singt, und als sie mich sah, war sie überrascht. Sie kam auf mich zu und sagte mir, dass ihr Name Julia sei. Wir fuhren zusammen nach Hause, und nach diesem Tag rief sie mich oft an; manchmal rief ich sie auch an. Wir wurden enge Freunde, und ich besuche sie manchmal, nachdem ich sie angerufen habe, um ihr zu sagen, dass ich komme.

Einmal sagte Stefans Mutter, sie habe gehört, dass ich wieder schwanger sei, aber ich war nicht schwanger, ich hatte nur zugenommen. Die Dorfbewohner tratschten gerne. Meistens streckten sie ihre Köpfe durch das Fenster und beobachteten die Leute, die aus- und eingingen, um zu sehen, was im Dorf passierte. Zu dieser Zeit lebten nur wenige Schwarze im Dorf.

Lena beendete den Kindergarten und ging in die Grundschule. Immer wenn sie sich mit ihren Eltern trafen und Stefan dabei war, fragten sie ihn, ob er ihr Großvater sei, und er antwortete ihnen manchmal. Das Leben mit Stefan war so langweilig; er ging nicht aus oder führte mich aus, nicht einmal in Restaurants, nicht, dass er ein armer Mann war oder nicht genug Geld hatte; und selbst wenn er es nicht tat, war es für seine Eltern in Ordnung, ihm zu helfen, wenn er in Not war, denn jedes Mal, wenn Stefan in den Laden ging, um etwas für uns zu kaufen, kaufte er auch für seine Eltern ein – die Eltern sahen die Rechnung, prüften sie und legten Geld auf den Tisch. Ich fragte ihn nicht, warum; ich wartete einfach ab, was passieren würde. Eines Tages fragte ich meine christliche Freundin Julia nach dem Grund, und sie sagte mir, dass es normal sei, dass die Eltern so handeln, und ich sagte ihr, dass wir das in Afrika nicht tun.

Eines Tages kam Stefans Cousine zu Besuch und fragte mich, ob ich schwimmen könne. Ich sagte nein, weil ich Angst vor Wasser habe, aber sie meinte, ich könne es lernen. Sie kaufte eine Badehose für mich, aber das Geld holte sie sich von Stefan. Sie kaufte sie und sagte, sie würde kommen und mit mir ins Schwimmbad gehen. Sie kam, wir gingen zusammen mit Julia und Lena. Als wir im Schwimmbad ankamen, spielte sie mit Lena und bat mich, den Kinderschwimm-Handsafe anzuziehen. Ich zog den Handschutz an und stieg dann in das kleine Schwimmbad, das sehr flach war, nicht tief. Dann haben mich die Kinder aus dem großen Schwimmbad angeschaut, ich wusste es nicht. Jedes Mal, wenn sie mich im Laden sahen, schauten sie mich an und sagten ihrer Mutter, dass diese Frau nicht schwimmen könne.

Stefan war krank, er hatte Asthma, und er war nicht in der Lage, schwierige Aufgaben zu erledigen, obwohl er Medikamente nahm. Der Arzt warnte ihn sogar davor, die Tauben lange zu halten, weil der Geruch für seine Lungen gefährlich sei, aber er liebte es, sich um sie zu kümmern; er sagte, es sei sein Hobby. Als er sechsundfünfzig Jahre alt war, sagte der Arzt zu Stefan, er solle aufhören, sich um die Tauben zu kümmern, weil er Asthmatiker sei.

Stefan mag es nicht, wenn ich ausgehe, und wenn ich meine Mutter anrufe, denkt er, ich rufe einen anderen Mann draußen an; er erlaubt mir nicht einmal, afrikanische Leute auf der Straße zu grüßen. Wenn Julia mich besuchen kommt, sagt er es mir manchmal nicht, und er erlaubt niemandem, mich zu besuchen; nur wenn ich zu Hause bin, öffne ich dem Besucher die Tür. Wenn er mir Geld zum Einkaufen gab, war es immer nur ein sehr kleiner Betrag. Ich glaube, er war eifersüchtig, weil er älter war als ich.

Er meinte, wenn er sterben würde, könnte ich alles haben, was ich wollte; ich bräuchte nicht zu arbeiten, und es gäbe genug zu essen, aber sein Vater sagte, ich müsse für die Zukunft arbeiten, damit ich im Alter nicht in der Miete bleibe. Stefans Vater ermutigte mich immer, etwas zu tun, jetzt zu arbeiten, damit ich in der Zukunft nicht leiden muss. Ich habe den Rat von Stefans Vater beherzigt, und als Lena eingeschult wurde, habe ich in den Zeitungen nach Stellenangeboten gesucht. Ich sah ein Stellenangebot in der Zeitung und rief die Frau unseres Familienfreundes an; sie half mir, sie anzurufen, und sie luden mich zu einem Vorstellungsgespräch ein. Als ich dort ankam, zeigte mir die Frau den Raum; sie sah reich aus, und das Unternehmen gehörte ihnen. Wir sprachen darüber, wie oft ich kommen würde und wie viel ich bezahlt werden würde. Wir einigten uns auf einen Betrag, der heute 400 Basen entspricht, und dann stellte sie mich ein. Als ich nach Hause kam, erzählte ich Stefan und seinen Eltern davon, und sie sagten, es sei in Ordnung, obwohl Stefan sehr glücklich darüber war.

Ich fing an, bei Zenus zu arbeiten, und ging dreimal pro Woche dorthin. Am ersten Tag zeigte sie mir, wo ich putzen sollte, und sie half mir auch und versuchte, mich zu verstehen. Sie hatte einen großen Hund, vor dem ich Angst hatte, aber nach einer Weile versuchte ich, ihn anzufassen. Eines Tages kaufte Frau Zenus Blumen und schenkte sie mir, wunderschöne Blumen, und ich fragte mich, warum sie mir Blumen schenkte; sie hätte mir etwas Geld geben sollen, keine Blumen. Ich schenkte sie Stefans Mutter, weil sie für mich wie Blätter waren, und sie nahm sie gerne an.

Ich setzte meinen Deutschunterricht fort, und eines Tages fragte mich Frau Ella, ob ich jetzt sehr gut schreiben und verstehen könne; ich bejahte. Sie bat mich um mein Zeugnis aus Nigeria, Afrika, und sagte, sie würde mir helfen, es zu übersetzen und zu sehen, was dabei herauskommen würde. Ich ging also nach Hause und brachte ihr das Zeugnis; sie übersetzte es und schickte es an das Ministerium in Deutschland und sagte, ich solle warten; wenn es gut sei, könne ich in Deutschland zur Schule gehen und studieren. Ich war sehr glücklich. Ich habe fast drei Monate gewartet, ohne eine Antwort zu bekommen. Nach einer Weile kam es dann; es wurde mir per Post zugeschickt, und ich brachte es zu ihr. Sie sah es sich an und sagte, es sei gut, ich könne in Deutschland bleiben, wenn ich wolle. Ich fuhr nach Hause und erzählte es der Familie, und ich beschloss, die Ausbildung in einem Altersheim in Dexbach zu beginnen. Ich war fast zwei Monate dort, und sie wollten, dass ich dort anfange zu arbeiten. Ich lehnte ab, weil meine Tochter noch sehr klein war, also ging ich.

Später begann ich eine Krankenpflegeschule, und nach etwa einem Jahr beschloss ich, in einer kleinen Klinik in der Nähe zu arbeiten. Am nächsten Tag ging ich zu einer der Krankenschwestern, die dort schon lange arbeitete; ich sprach nicht perfekt Deutsch, also nahm sie mich mit in eines der Patientenzimmer. Als wir dort ankamen, hatte die Frau Probleme mit dem Stuhlgang. Ich fragte die Krankenschwester, warum die Frau Pampas anlegt, und sagte, dass das in Afrika nicht so ist, aber sie sagte, das sei normal. Ich habe mich nur gewundert, obwohl ich gesehen habe, wie Stefans Vater in eine Flasche uriniert hat, während diese Frau Probleme mit dem Stuhlgang hatte. Nach zwei Wochen konnte ich sie immer noch nicht verstehen, weil es mich wirklich überrascht hat. Ich arbeitete dort etwa ein Jahr lang und beschloss dann, zu gehen; die Leute dort liebten mich, und einer der Patienten kaufte mir sogar ein Geschenk, bevor er starb; das Geschenk habe ich bis heute noch.

Ich verließ den Ort, weil die Bezahlung sehr gering war; ich war nur eine Hilfskraft. Ich ging an einen anderen Ort. An meiner neuen Arbeitsstelle waren einige der Krankenschwestern sehr nett, vor allem Schwester Lea; ich freundete mich mit ihr an. Obwohl sie schon lange dort arbeitete, hatte sie keinen Bildungsabschluss, aber sie konnte arbeiten und putzen. Eine der Krankenschwestern, die ebenfalls schon lange dort arbeitete und gut ausgebildet war, entfernte mit bloßen Händen den Stuhlgang aus dem Anus (ohne Handschuhe). Eines Tages fragte ich sie, warum, und sie sagte, dass es so besser funktioniere.

Wenn wir Pause hatten, wuschen wir die Kleidung der Patienten mit kaltem Wasser, spülten sie aus und steckten sie dann in die Maschine. Die Besitzer des Altenheims haben ein Haus in Spanien, und die Frau sagte uns immer, wenn wir unseren Urlaub in Spanien verbringen wollten, könnten wir zu ihr fahren. Es war ihr Familienbetrieb. Ich arbeitete dort ohne Ausbildungsnachweis in der Krankenpflege; ich arbeitete von 7 Uhr morgens bis 14 Uhr nachmittags, während der Nachmittagsdienst von 14 Uhr bis 21 Uhr dauerte.

Nach einer Weile bekam ich Probleme mit Stefan; er wurde noch eifersüchtiger als vorher und dachte, ich hätte einen Freund, sogar Lena hätte einen Freund. Ich habe ihn bei seinem Arzt angezeigt, vielleicht kann man ihm psychologisch helfen. Er ging zum Arzt, kam aber fast sofort wieder, also beschloss ich, ihm eine Chance zu geben.

Stefans Vater wurde krank. Ich wusste nicht, was los war, aber ich war diejenige, die Stefans Vater half; ich machte ihn morgens und abends sauber, gab ihm morgens, abends und nachts seine Medikamente. Er war sehr krank, und der Arzt sagte, dass er nicht mehr lange leben würde, dass er sterben würde.

Bevor der Ermittler kam, sagte Stefans Schwester, ich solle meine Freundin Julia besuchen, also ging ich sie an diesem Tag besuchen. Ich wusste nicht, dass jemand kommen würde, um zu untersuchen, ob die Regierung die Person, die sich um Stefans Vater kümmert, bezahlt. Ich habe mich um ihn gekümmert, weil er ein netter Mann war und er mir 200 DM gegeben hat. Nachdem der Ermittler gegangen war, begannen sie, das Geld an Stefans Schwester zu zahlen.

Eines Tages kam die Ermittlerin unerwartet, ich war zu Hause, und die Frau rief mich und fragte, wie es ihm ginge. Ich sagte, es ginge ihm gut, und die Frau sagte, sie frage mich, weil sie Geld für seine Betreuung zahlten; da wurde mir alles klar. Dann rief Stefans Mutter Emilia am Telefon an, sie solle sofort kommen, und Stefan ging sie abholen. Sie kam und fragte die Ermittlerin, warum sie sie nicht angerufen habe, bevor sie kam. Die Frau sagte ihr, dass sie das Recht habe, zu kommen, wann immer sie wolle. Währenddessen suchte Stefan nach einer Möglichkeit, mich abzulenken; er rief mich nach oben, damit ich nicht verstand, was vor sich ging, und dann ging die Ermittlerin weg. Ich ging nach unten und fragte sie, ob sie das Gefühl hätten, dass ich nicht verstand, was vor sich ging, und sagte ihnen, dass ich kein Dummkopf sei – ich half Stefans Vater trotzdem weiter.

Als es dann Weihnachten war, gab mir Stefans Mutter das Geld und fügte es dem Haushaltsgeld hinzu. Ich sagte ihr, dass ich das Geld nicht annehmen würde und dass es in Ordnung sei. Sie fragte, warum, und ich sagte, dass sie das Geld von der Versicherung einkassiert hätten, während ich die ganze Zeit diesen Job gemacht und ihrem Mann geholfen hätte. Sie flehte mich an, ihr zu verzeihen, es sei ihre Tochter gewesen, die sie darum gebeten habe. Ich musste ihr verzeihen, aber in meinem Herzen war ich immer noch wütend; ich musste einfach weiter lachen, weil meine Papiere noch nicht fertig waren. Stefan hatte es zwar getan, aber es war noch nicht herausgekommen. Stefan hatte auch seinen Anwalt gebeten, ein Testament zu schreiben, damit ich nichts bekommen würde, wenn ich ihn verließ. Ich dachte darüber nach und fragte mich, wohin ich gehen und wo ich mein Leben beginnen sollte. Ich musste einfach mit ihm leben, obwohl er ein sehr egoistischer Mensch war.

Ich verließ Stefan

Nachdem ich das letzte Altenheim, in dem ich gearbeitet hatte, verlassen hatte, suchte ich ein anderes Altenheim und eine andere Krankenpflegeschule. Bevor ich in der Schule anfing, ging ich zu dem Ort, an dem ich vorher gearbeitet hatte, in Zenus, um einen Mann zu treffen, der mir sagte, dass ich jederzeit zu ihm kommen sollte, wenn ich ein Problem hätte, weil ich nicht mehr mit Stefan leben wollte. Ich rief ihn an und erklärte es ihm, und er sagte, dass er mir zeigen würde, wie ich anfangen sollte. Zuerst ging er mit mir zur Caritas und erklärte ihnen alles; sie sagten mir, ich solle mir eine eigene Wohnung suchen, damit ich ausziehen könne. Ich besorgte mir ein Haus und nahm Lena mit, aber sie war nicht glücklich, weil sie ständig nach ihrem Papa rief, aber das Haus, in dem wir wohnten, war nicht weit von Stefans Haus entfernt. Ich arbeitete immer noch im Altersheim. Wenn ich morgens zur Arbeit ging, ließ ich Lena bei meiner guten Nachbarin; manchmal fragte ich sie, ob sie zu ihrem Vater gehen wolle, während ich bei der Arbeit war. Auch Stefan kam zu Besuch, und wir wurden später gute Freunde.

Nach einiger Zeit erfuhr ich, dass Stefans Mutter gestorben war. Wir gingen zur Beerdigung, und danach begann ich, Stefan wieder zu besuchen und ihm beim Putzen des Hauses zu helfen. Bevor ich meinen neuen Job antrat, fragte ich ihn, ob er mir helfen würde, falls Lena bei ihm übernachten wollte, und er sagte, das sei kein Problem. Lena war jetzt fast zehn Jahre alt; meine guten

Nachbarn hatten zwei Töchter, die mit ihr spielten und deren Eltern und ich oft etwas zusammen unternahmen.

Es gab eine Freundin von mir, die sehr weit von mir entfernt wohnte und der ich früher geholfen hatte. Sie erzählte mir, sie habe einen Bruder in Japan und fragte mich, ob ich dorthin reisen wolle; ich war damals noch sehr naiv. Der schwarze Mann rief mich an, und wir unterhielten uns; zu diesem Zeitpunkt waren Stefan und ich bereits geschieden. Nach sechs Monaten brachte mir die Dame zwei Bilder ihres Bruders, die zeigten, dass sie vom selben Vater und derselben Mutter stammten. Also beschloss ich, nach Japan zu reisen, um ihn zu sehen; ich prüfte die Kosten für das Ticket, da ich nicht genug Geld hatte. Bevor ich reiste, bereitete ich alles vor; es waren Ferien; ich sagte Lena und Stefan, dass ich verreisen und nach einer Woche zurückkehren würde. Ich sagte auch meiner Freundin, sie solle ihrem Bruder sagen, dass ich ihn besuchen würde. Ich reiste zuerst zu ihr, damit sie meine Haare machen konnte; ich dachte, sie sei eine gute Frau.

Er versuchte, meinen älteren Bruder anzurufen, um zu erfahren, warum ich Stefan verlassen hatte. Ich hatte nicht viel Kontakt zu meinem älteren Bruder, weil er wütend auf mich war, weil ich Stefan verlassen hatte, und er sagte, dass Stefan derjenige war, der mich von Afrika nach Europa gebracht hatte, und dass ich deshalb bei ihm bleiben sollte. Während der ganzen Zeit, in der ich bei Stefan lebte, hat mich mein älterer Bruder nie besucht oder angerufen; ich war diejenige, die ihn anrief und sich nach seinem Wohlergehen und dem seiner Familie erkundigte, weil er nie wollte, dass ich nach Europa komme.

Ich versuchte, ihm so viele Dinge verständlich zu machen, aber der Mann sagte, er könne nicht mein Freund sein, also beschloss ich, nach Deutschland zurückzureisen. Als ich nach Hause kam, rief ich sofort die Freundin an, die mich dem schwarzen Mann vorgestellt hatte. Ich sagte ihr nicht, was sie getan hatte, sondern fragte sie nur, wer der große Mann auf dem zweiten Foto sei. Sie sagte mir, sein Name sei Raymond, und er sei ihr Bruder. Ich fragte, ob sie mir seine Telefonnummer geben könne; sie sagte ja und gab sie mir.

Besuch in Japan

Als ich ihre Wohnung verließ, reiste ich nach Japan, und als ich dort ankam, kam der Mann, um mich zu empfangen; er brachte mich in ein Hotel. Als wir im Hotel ankamen, holte ich die beiden Fotos heraus, die ich mitgebracht hatte, und zeigte sie ihm. Als er die Bilder sah, war er auf einem der Fotos zu sehen, auf dem anderen nicht. Ich war sehr überrascht.

Der Mann sagte: „Vielleicht hat dich meine Halbschwester zu mir geschickt, um mich zu testen, weil sie mich schon einmal mit ihm bekannt gemacht hat."

Ich fragte ihn, ob sie seine Halbschwester sei, und er bejahte, aber das hatte sie mir nicht gesagt. Er führte mich aus und kaufte mir eine Menge Dinge, ein Geschenk für Lena und auch für seine Halbschwester, die mich ihm vorgestellt hatte. Wir sprachen über viele Dinge, er versuchte mich zu verstehen, obwohl wir nicht miteinander schliefen. Er zeigte mir, wo er arbeitete und wo er wohnte. Er sagte mir, dass er in Japan nicht glücklich sei und dass er nur einige Jahre dort verbringen und dann nach Nigeria zurückkehren würde.

Treffen mit Herrn Raymond

Ich rief Herrn Raymond an, und er kam nach Bexbach, zu dem Haus, in dem ich wohnte, und dann erklärte ich ihm die Gründe, warum ich nicht mehr mit Stefan zusammenlebte. Er erzählte mir dann, dass der Grund für seine Anfrage darin besteht, dass er keine Frau hat, aber zwei Kinder in Afrika. Er sagte, er arbeite bei der Firma UPS in Deutschland.

Er ging und versprach, wiederzukommen; ich bereitete Essen vor und wartete auf ihn, als er mir sagte, dass er kommen würde. Er kam und erzählte mir dann, woher er in Benin City, Nigeria, stammte. Er sagte, dass seine Eltern beide tot seien und dass die Mutter nur männliche Kinder habe, und wir lachten darüber. Ich fand ihn gut aussehend, genau wie den anderen Mann in Japan, obwohl dieser kleiner war; er hatte auch ein gutes Herz. Nach dem zweiten Besuch begann Mr. Raymond, mich häufig zu besuchen; manchmal fuhr er einmal im Monat oder alle zwei Wochen zu mir. Er kam immer allein und behauptete, dass er mich liebte. Das ging eine Zeit lang so weiter.

Eines Tages rief ich ihn an und hörte eine Frauenstimme am anderen Ende des Telefons, und als ich ihn fragte, wer die Frau sei, sagte er, sie sei seine frühere Freundin; in dieser Woche kam er nicht. Ich sagte Lena, dass ich verreisen würde, aber ich sagte Raymond nicht, dass ich kommen würde; ich beschloss einfach, dorthin zu fahren, und ich brachte Lena zu ihrem Vater. Ich bin nach NRW gefahren, um ihn zu sehen. Es war schwierig für mich, dorthin zu fahren, denn es war das erste Mal, dass ich nach NRW fuhr; es gab kein Navi, nur eine Karte.

Ich kam abends dort an und hatte die Reise am Morgen um 10 Uhr begonnen. Er glaubte mir nicht, als ich ihn anrief und ihm sagte, dass ich in der Gegend sei; er war so geschockt, als er mich sah, und er sagte, ich sei gekommen, um nach ihm zu sehen, ohne ihn zu informieren, weil ich dachte, er würde eine Frau in seinem Haus verstecken; er sagte, er habe keine Zeit für solche Dinge.

Ich fuhr am nächsten Tag wieder nach Hause, weil ich am selben Tag nicht mehr zurückfahren konnte. Er schien ein guter Mann zu sein und sagte, er würde mich seiner Ex-Frau vorstellen. Er fuhr also zu ihr, und während er dort war, rief er mich an und bat mich, mit seiner Ex-Frau Marilyn zu sprechen. Sie meldete sich und sagte, sie sei froh, dass ihr Ex-Mann ausgerechnet mich gefunden habe, denn sie habe gedacht, er würde eine ungebildete Frau heiraten. Sie war stolz auf ihn, dass er eine gebildete Frau wie mich gefunden hatte, denn zu dieser Zeit war ich in der Krankenpflegeschule.

Eines Tages kam Marilyn zu mir nach Bexbach; sie rauchte und trank ständig. Sie konnte auch nicht kochen; sie sagte, dass es Raymond war, der ihr beim Kochen und Putzen half. Sie sagte, ich solle ihn nicht heiraten, weil er ein Glückspieler sei, obwohl er ein guter Mann sei, und tatsächlich, wie sie sagte, sah ich Raymond in einem kleinen Laden in einem nahe gelegenen Dorf in Homburg spielen. Als wir nach Hause kamen, habe ich ihn gewarnt, nie wieder zu spielen, weil das nicht gut ist, und er sagte okay. Marylyn war damals noch in der Nähe, ich erzählte es ihr, und sie sagte, dass er schon seit Langem spiele. Ich sagte Raymond, dass ich ihn verlassen würde, wenn ich ihn wieder spielen sähe. Marylyn sagte mir, ich solle ihn nicht verlassen, weil er spiele und er wie ein Kind denke. Marylyn verbrachte eine Woche bei mir und ging dann zurück nach Düsseldorf; während sie bei mir war, führte ich sie aus; sie mochte afrikanisches Essen und aß alles, was ich kochte.

Raymond besuchte mich immer noch oft, bis ich eines Tages entdeckte, dass ich schwanger war. Ich war im zweiten Jahr der Krankenpflegeschule, davor hatte ich in einem Autopark-Haus geputzt. Das hatte ich schon lange gemacht, nur um genug Geld zu verdienen, das ich nach Hause schicken und für mich selbst sorgen konnte. Als Raymond bei mir zu Hause vorbeikam, erzählte ich ihm, dass ich von ihm schwanger war, und er war sehr glücklich.

Ich sagte ihm auch, dass er, da er in Milhew keinen guten Job hatte, ins Saarland ziehen und sich einen Job suchen sollte. Er sagte ja, und ich half ihm, in den Zeitungen nach einer Stelle zu suchen; ich rief ihn auf, ins Saarland zu kommen und die Stelle anzutreten. Er kam, und ich brachte ihn zu dem Mann, der für die Stelle zuständig war. Später sagte er, er wolle die Stelle nicht annehmen. Ich war überrascht und fragte mich, ob es daran lag, dass ich naiv war oder weil ich verliebt war. Ich sagte, dass ich dachte, dass er dorthin ziehen würde, wo ich war, damit er mir auch helfen könnte, vor allem jetzt, wo ich schwanger war und auch zur Krankenpflegeschule ging. Mir fiel kein konkreter Grund ein, warum er das Jobangebot ablehnte.

Ich muss morgens sehr früh aufstehen, um rechtzeitig zur Arbeit zu kommen. Lena war jetzt fast elf Jahre alt, und sie verstand, dass ich schwanger war, aber Raymond war immer noch in Mulhein und im Saarland und verbrachte hier und dort Zeit. Ich sprach mit einer meiner Klassenkameradinnen in der Schule, Derby, und fragte sie, ob sie mich von zu Hause zur Schule abholen könnte, um mich wenigstens zu entlasten. Sie stimmte zu, und ich war sehr glücklich.

Karl wurde zur Welt gebracht

In diesem Zustand arbeitete ich einige Monate lang und brachte dann einen putzmunteren kleinen Jungen zu Bett. Die Schule rief mich an, und meine Lehrer fragten mich, ob ich ein Jahr warten wolle, bevor ich zurückkehre; ich sagte, ich würde darüber nachdenken. Ich sagte, ich würde darüber nachdenken und beschloss, nur sechs Monate zu Hause zu bleiben, damit ich mit meinen Freunden die Prüfungen ablegen konnte. Raymond wollte nicht ins Saarland kommen, um bei mir zu bleiben, damit wir uns beide um das Kind kümmern konnten. Ich ging zur Schule, arbeitete in der Autofirma und kümmerte mich um das Haus und Lena.

Einige Monate nach der Entbindung war Raymond noch in NRW. Ich rief eine meiner Freundinnen an, die ich aus der Zeit kannte, als ich noch mit Stefan verheiratet war, aber Stefan erlaubte ihr nicht, mich zu besuchen, also ging ich zu ihr nach Hause und besuchte sie und ihren Freund; sie waren nicht verheiratet, aber sie lebten zusammen wie Mann und Frau. Sie wohnte nicht in Bexbach, aber sie war dort geboren. Ich rief sie an und bat sie, meine Arbeit in der Autofirma zu übernehmen, weil ich mit der Situation nicht mehr zurechtkam.

Ich erklärte der Direktorin des Unternehmens meine Situation; sie war eine sehr nette Frau, und es war das Unternehmen, bei dem ich mein zweites Auto gekauft hatte. Sie verstand und akzeptierte meine Freundin. Als es Zeit für mich war, wieder zur Schule zu gehen, fuhr ich zu einer Freundin, die weit weg von mir wohnte, und holte sie schon um 3 Uhr morgens ab, damit sie sich um Karl kümmern konnte, während ich in der Schule war.

Eines Tages kam ein Mann mit einem Formular, das ich ausfüllen sollte, und er sagte mir, wie viel ich für meinen Sohn Karl bekommen würde. Also sprach ich mit Stefans Schwester und fragte sie, ob sie sich um Karl kümmern und das Geld abholen würde, sie stimmte zu, denn der Sozialarbeiter zahlte das Geld auf mein Konto ein, sodass ich, wenn ich jemanden hätte, der sich um Karl kümmerte, das Geld dafür verwenden könnte. Nach einem Jahr und zwei Monaten musste Karl in den Kindergarten gehen; Stefan wusste auch davon und versprach, mir ebenfalls zu helfen. Auch der Mann meiner Freundin Julia half mit, obwohl ich ihm Geld für Benzin geben musste. Ich tat das, weil Julias Mann bereits Rentner war und Julia frisch von ihm geschieden war; er brauchte jemanden, mit dem er reden konnte. Ich ermutigte Julia, zu ihm zurückzukehren, weil er ein guter Mann war.

Zumindest war er besser als Stefan; er war fürsorglicher und gab Julia Geld – bis zu 600 DM, wie sie sagte. Also sprach ich mit ihm über Karl, und er erklärte sich bereit zu helfen. Karl trug noch Stefans Nachnamen, denn Raymond musste noch beweisen, dass er der Vater war. Ich brauchte die Hilfe von Julias Mann, also kam er und brachte mir einige Papiere zum Unterschreiben. Er machte mir Mut; es gab so viele Formulare auszufüllen, aber er half mir und füllte sie aus. Stefan hatte auch etwas von dem Benzin-Geld, denn er kam zu Besuch, wenn ich seine Hilfe brauchte. Wenn ich irgendwelche Probleme oder Fragen hatte, rief ich ihn an, und er kam und erklärte mir alles. Wenn ich früher mit dem Unterricht fertig war, habe ich Karl von der Schule abgeholt. Er war ein ruhiger Junge; er weinte nicht viel – es war, als ob er wusste, dass der Vater nicht da war, um mir zu helfen.

Meine Schwester Martha ist gestorben

Ich bereitete mich gerade auf mein Krankenpflegeexamen im September vor, als ich meine jüngere Schwester Martha verlor. Ich stand unter großem Schock und wusste nicht, was ich tun sollte. Ich konnte nicht nach Nigeria fliegen, weil ich nicht genug Geld hatte; ich war einfach bedrückt. Die Familienmitglieder von Stefan und Julia waren da, um mich zu trösten. Meine Schule riet mir, zu versuchen, zur Schule zu gehen, damit ich meine Prüfungen ablegen konnte. Ich konnte die Prüfungen machen, aber es fiel mir sehr schwer, mich zu konzentrieren, weil ich jeden Tag weinte und an meine Schwester Martha dachte. Sie war schwanger mit einem Kind, und sowohl sie als auch das Baby starben. Der Arzt riet mir, nicht mehr an sie zu denken und auch nicht mehr an mich zu denken. Raymond lebte noch in NRW, und nach einer Woche kam er zu mir, um mich zu verstehen. Nach einer Weile musste ich mich mit der Situation abfinden und glaubte, dass sich die Dinge eines Tages zum Guten wenden würden. Aber es lief überhaupt nicht gut. Bei den Prüfungen bestand ich nicht, und ich wurde aufgefordert, sie in sechs Monaten zu wiederholen. Die Schule gab mir etwas Geld für meine Ausgaben, aber das war nicht genug, denn ich wohnte in einer Dreizimmerwohnung und musste mit dem Geld auskommen, das ich hatte. In dieser Zeit konnte ich kein Geld nach Hause schicken. Ich dachte über mein Leben nach und schaute auf und ab. Es gab nichts, was ich sagen konnte; das Leben war wirklich hart.

Sechs Monate später wiederholte ich meine Prüfungen, und durch die Güte Gottes habe ich sie bestanden. Ich war sehr glücklich und begann, im Saarland nach einer Stelle zu suchen. Ich schrieb viele Bewerbungen, aber kein Krankenhaus wollte mich nehmen. Dann erzählte mir Raymond, dass in Mulhein Krankenschwestern und -pfleger gesucht würden, also fragte ich Lena, ob sie mit mir nach Mulhein ziehen wolle, und sie sagte sofort zu. Also fuhr ich nach Mulhein, um mir den Ort anzusehen. Nachdem ich den Ort besichtigt hatte und sah, dass er in Ordnung war, wartete ich, bis Lena Ferien hatte. Ich ging auch zum Sozialamt, um zu sehen, ob sie mir bei der Miete helfen konnten. Als ich beim Sozialamt ankam, stellten sie mir viele Fragen: wie viele Kinder ich habe, wie viele Zimmer ich mieten möchte usw., und sie sagten, ich solle keine zu teuren Zimmer mieten. Also ging ich hin und suchte ein Haus zu mieten. Als Raymond aus der Stadt zurückkam, sagte er, dass er nicht weit von seiner Wohnung entfernt Zimmer zu vermieten gesehen habe; er gab mir den Kontakt, und ich rief die Person an, und sie bat mich zu kommen, damit wir die Zahlungen besprechen konnten. Ich ging zu der Frau, wir besprachen alles, und sie zeigte mir die Zimmer. Es war ein altes Haus, also sagte ich ihr, ich würde darüber nachdenken, und ich ging zurück ins Saarland, nach Bexbach, immer noch auf der Suche nach einem Job.

Nach einer Weile rief ich Raymond an und sagte ihm, dass ich wieder vorbeikommen würde, um ein Haus in NRW zu suchen. Ich fuhr hin und schlief bei Raymond. Während ich dort war, beschloss ich, auch zu prüfen, ob ich einen Job bekommen könnte, also ging ich zu einer nahe gelegenen Klinik an der Straße; ich erzählte, dass ich einen Job suchte, und die Chefin sagte, dass sie mich zur Pflegeschwester bringen würde, die mir den Arbeitsplatz zeigen würde. Am Morgen begleitete ich die Krankenschwester, und wir fuhren von einem Haus zum anderen. Danach wurde ich für die Stelle getestet, und dann bekam ich eine Ernennungsurkunde.

Nach einer Woche fuhr ich zurück ins Saarland, um meine Kinder zu sehen. Ich bat Raymond, für mich eine Wohnung zu suchen, da er offiziell in Düsseldorf arbeitete, wie er sagte, denn es war sehr schwierig, in Mulhein eine Wohnung zu finden. Ich beschloss auch, in den Zeitungen nach Stellenangeboten zu suchen. Ich sah eine, aber sie war sehr weit von Mulhein entfernt. Ich rief den Mann an, und er sagte mir, ich solle kommen, einer seiner Mitarbeiter würde mich vom Busbahnhof abholen. Ich ging also hin, wartete am Busbahnhof, und die Dame kam. Wir gingen zu ihrem Büro, und als ich dort ankam, stellte er mir ein paar Fragen, und dann sagte er, er würde mich in Vollzeit nehmen. Ich war sehr glücklich; er setzte sich mit dem Büro in Verbindung, in dem ich auf Teilzeitbasis arbeitete, und teilte ihnen mit, dass er mich in Vollzeit einstellen würde, und so fing ich an.

Der erste Tag war sehr schwierig, weil ich noch nie in einer Großstadt gefahren war. Ich kam zu spät zu den Patienten, kannte die Straßen nicht, und es gab kein Navi, ich schaute nur auf die Karte. An den meisten Tagen kam ich spät nach Hause. Raymond kümmerte sich um die Kinder; da er keine Arbeit mehr hatte, half er bei Karl aus. Ich war die einzige Person, die jetzt arbeitete.

In dieser Woche fragte ich Raymond, ob er mich zur Arbeit fahren könnte, denn ich fand es schwierig, in einer großen Stadt zu fahren, und ich war neu dort. Ich hatte dort keine Freunde, obwohl meine Freunde in Bexbach immer noch mit mir in Kontakt standen und sich nach meinem Wohlergehen erkundigten.

Nachdem ich einige Zeit gearbeitet und meine Ernennungsurkunde erhalten hatte, beschloss ich, zurück ins Saarland nach Bexbach zu fahren und meine Sachen zu packen. Raymond und einer seiner Freunde begleiteten uns beim Packen, und als wir dort ankamen, packten wir die Dinge, die wir konnten, kehrten nach NRW zurück und ordneten die Sachen nach und nach.

Die Hausbesitzerin war keine Deutsche; sie verstand mich und war nett. Am Anfang, wenn sie kochte, gab sie mir etwas ab, und wir saßen zusammen im Wohnzimmer und besprachen die Dinge gemeinsam, aber später wurde sie ein schlechter Mensch; sie schrieb eine Petition gegen Raymond, weil er sie vor Gericht nicht unterstützte, um gegen einen der Mieter auszusagen, von dem sie sagte, er habe sie beleidigt. Er erzählte die Wahrheit über das, was wirklich passiert war, woraufhin sie sehr wütend wurde und uns bat, ihr Haus zu verlassen.

Ich ging zur Sozialwohnung, um eine andere Wohnung zu suchen, die sie mir sofort gaben, weil ich arbeitete. Wir mussten wieder packen und zogen in die neue Wohnung ein. Ich habe diese Wohnung nicht renoviert, weil sie sehr schön und teuer war. Ich hatte einen Vollzeitjob und arbeitete auch in einer 400er-Basis, nur damit ich alle meine Versicherungsbeiträge, Lebensmittel und alle anderen Dinge, die ich in Deutschland bezahlt hatte, bezahlen konnte. Raymond spielte heimlich weiter; ich sah einige der Spielpapiere im Schrank und in der Garderobe, und ich forderte ihn mehrmals auf, seinen Lebensstil zu ändern.

Ich suchte nun dringend nach einem besser bezahlten Job, während ich immer noch auf 400 Basis arbeitete. Ich bekam einen anderen Job bei Rhienhouse; er war in Ordnung; sie fingen mit einem sehr niedrigen Lohn an, und ich arbeitete immer noch im Altersheim. Bei Rhienhouse musste ich ihnen sagen, dass meine Wohnung groß und teuer ist, damit sie mein Gehalt aufstocken konnten. Stefan zahlte die Gebühren für die Kinder, etwa 220 Euro, und ich zeigte ihn nicht beim Sozialamt an, denn sein Betrag reichte nicht aus, weil Stefan dachte, ich wüsste nicht, wie viel er mir für das Kindergeld geben sollte. Ich dachte mir, wenn Raymond nicht für sein eigenes Kind sorgen kann, warum sollte ich Stefan bitten, mir mehr Geld zu zahlen?

Ich verwaltete weiterhin mein Einkommen, aber Raymond ging abends immer noch aus und besuchte Freunde; wenn er sah, dass ich nicht zu Hause war, ging er aus und spielte. Ich musste ihm oft raten, sein Verhalten zu ändern, denn wenn er das Geld an seine Mutter zu Hause schickte, würde sie sich freuen. Ich kannte die Mutter nicht, aber manchmal kaufte ich Dinge wie afrikanische Stoffe und schickte sie zusammen mit Vitamintabletten zu ihr. Damals tat ich all diese Dinge, weil ich das Gefühl hatte, von der Liebe geblendet zu sein, aber ich begann zu erkennen, dass er sich nicht ändern konnte; wir haben miteinander gekämpft. Er beschimpfte mich, machte mir Schande, und dann rief ich die Polizei an.

Nach einigen Monaten bat mich mein Bruder, der in Italien lebte, nach Hause zu kommen, und so kaufte ich Tickets für mich und meinen Sohn Karl. Als ich in Nigeria ankam, blieb ich bei meinem Bruder. Später kam Raymond nach Nigeria, und er wollte bei mir im Haus meines Bruders wohnen. Ich lehnte ab, und so blieb er im Haus seiner Familie. Nach einigen Tagen besuchte ich Raymonds Familie. Sie begrüßten mich alle, und als sie Karl sahen, waren sie sehr glücklich. Ich erzählte Raymonds Bruder, dass Raymond nicht verantwortungsbewusst war und dass er viel spielte. Daraufhin versuchten sein Bruder, der ein sehr guter christlicher Mensch war und sich um Raymonds Mutter kümmerte, und die Kinder seines Bruders, Raymond zu raten, mit dem Glücksspiel aufzuhören.

Nachdem ich zwei Wochen in Nigeria verbracht hatte, kehrte ich nach Deutschland zurück; die Dinge liefen jetzt gut für mich. Ich nahm die Arbeit wieder auf. Raymond hatte noch keine Arbeit gefunden, aber er war fast nie zu Hause. Immer wenn ich von der Arbeit zurückkam, rief ich ihn an, um herauszufinden, wo er war und ob er wieder gespielt hatte oder zu seinem Freund gegangen war, anstatt zu Hause zu bleiben und sich um seinen Sohn zu kümmern. Ich habe versucht, einen Job für ihn zu finden, aber ich konnte keinen finden. Dann haben wir uns wieder gestritten, und ich rief die Polizei. Er nahm meine Autoschlüssel und schrie mich an; die

Polizei kam und forderte ihn auf, das Haus für einige Tage zu verlassen, was er auch tat. Später bat er seinen Freund zu kommen und mich anzuflehen, ihn wieder ins Haus zu lassen.

Nach einer Weile merkte ich, dass ich mir die Miete nicht mehr leisten konnte. Ich hatte keine andere Wahl, als das Haus zu verlassen und mir etwas Kleineres zu suchen. Bei jedem Haus, das ich sah, sagte Raymond, es sei nicht schön genug; ich hörte nicht auf ihn, denn ich suchte ein Haus, das ich mir leisten konnte. Dann sah ich eines, die Wohnung war sehr klein, und die Miete war auch niedrig; ich konnte sie mir leisten, ohne um Hilfe vom Staat zu bitten. Ich mietete einen Bus und zog mit meinen Sachen in die neue Wohnung. Zu diesem Zeitpunkt hatte meine Tochter Lena die Schule beendet; sie arbeitete in einem anderen Bundesland und wohnte nicht mehr bei mir.

Nachdem er in die kleine Wohnung gezogen war, brachte Raymond seine beiden Söhne aus Afrika mit. Ich wusste nicht, dass er an ihren Papieren arbeitete, obwohl ich es am Anfang wusste, aber ich dachte, er hätte die Arbeit daran eingestellt. Eines Tages rief er mich an und sagte, dass seine beiden Söhne ein Visum für die Einreise nach Deutschland bekommen hätten. Ich war überrascht; ich fragte ihn, wie er das gemacht hatte, und er sagte, dass er bei der Beantragung seines Führerscheins bei LKW, als er bei einer der Firmen in Mulhien anfing zu arbeiten, einige Papiere hinzugefügt hatte, die sie von der Firma bei der Botschaft brauchen würden. Er sagte, er müsse seine Söhne nach Deutschland holen, weil das sein Leben besser machen würde, und auch die Kinder sagten immer wieder, dass er nicht genug für sie tun würde, dass seine Freunde im Ausland viele Grundstücke in Nigeria hätten und dass ihre Familien gut leben würden.

Also bat er mich, ihnen zu helfen, die deutsche Sprache zu lernen. Er brachte sie zur Schule, die sie aufnahm, und die Schule nannte ihnen das Datum, an dem sie anfangen würden, also ging ich mit ihnen zum Schuhgeschäft und kaufte Schuhe und Kleidung für sie. In den Geschäften waren die Kinder damit beschäftigt, sich teure Schuhe und Kleidung anzuschauen; ich ignorierte sie und beschloss, ihnen die zu kaufen, die ich mir leisten konnte, denn ihr Vater hatte drei Monate zuvor angefangen zu arbeiten. Ich danke Gott, dass er endlich einen Job hat, denn er war schon zu lange ohne Beschäftigung, was zu Hause jeden Tag zu Streitigkeiten führte.

Leben mit Herrn Raymond und seinen beiden Kindern

Als Raymond endlich wieder zu arbeiten begann und seine beiden Kinder aus Nigeria zu uns nach Deutschland kamen, suchten wir ein größeres Haus als das, in dem wir vorher wohnten. Es handelte sich um eine Wohnung mit einem Obergeschoss und einem Untergeschoss. Seine Kinder wohnten oben, während wir unten bei Karl wohnten. Karls Zimmer war klein, aber für ihn war es in Ordnung; er ging jetzt in die Grundschule. Raymonds Kinder fingen an, mir Probleme zu machen, obwohl sie noch zur Schule gingen. Ich versuchte, ihnen liebevoll zu begegnen, aber sie erwiderten es mir nicht. Sie waren über achtzehn Jahre alt und wollten große Dinge. Sie schlossen viele Freundschaften, sogar mit Freundinnen. Sie hielten sich die Nächte um die Ohren, und sie waren voller Lügen. Ich sagte ihrem Vater, er solle sich ein anderes Haus für sie suchen; ihr Vater hatte seine Arbeit verloren, weil er einen Unfall hatte, und er war auch krank mit hohem Blutdruck, Herzproblemen und vielen anderen Beschwerden. Er wollte, dass seine Kinder bei mir bleiben; ich sagte ihm, dass die Kinder groß genug seien, um allein zurechtzukommen, aber Raymond bestand immer noch darauf, dass sie bei uns bleiben sollten.

Inzwischen war die Liebe zwischen uns schwächer geworden, also mietete er ein Einzimmerappartement für sie, aber er lebte immer noch bei uns. Wir hatten jeden Tag Probleme. Die Mutter der Kinder in Nigeria rief mich nicht ein einziges Mal an, um mir dafür zu danken, dass ich mich um ihre Kinder kümmerte. Vielleicht dachte sie, ich hätte ihr den Mann weggenommen, aber ich trug fast die gesamte Last im Haus, kümmerte mich um ihre Kinder, bezahlte die Miete, die Versicherung und einige andere Rechnungen. Als Karl sah, wie sie sich verhielten, begann er, die Konzentration zu verlieren. Eines Tages rief mich die Lehrerin aus der Schule an und sagte, Karl sei unkonzentriert in der Schule. Ich fühlte mich wirklich schlecht und sagte Raymond, dass es besser wäre, wenn die Kinder in das Zimmer umziehen würden, das er für sie gemietet hatte, aber er bestand weiterhin darauf und die Kinder wollten nicht ausziehen; sie machten mir immer wieder Probleme, stritten mit ihrem Vater und zerstörten Dinge im Haus, also rief ich die Polizei, und die Polizei forderte sie auf, meine Wohnung zu verlassen, schließlich waren sie nicht als Bewohner der Wohnung gemeldet.

Ihr Vater wollte es immer noch nicht verstehen, also bat ich ihn, ebenfalls zu gehen. Er fing an, mich anzuflehen, aber da ich ihn nicht mehr liebte, bestand ich darauf, dass er gehen müsse, und so beschloss er, seine Sachen zu packen und zu gehen. Bevor er ging, schlug er mich zusammen und verletzte mich im Gesicht; Karl schrie; wenn Karl nicht da gewesen wäre, hätte er mich vielleicht umgebracht. Ich rief die Polizei; die Polizei kam und warnte ihn, sich mir nicht mehr zu nähern. Er fing an, mich anzuflehen, und schickte einige seiner Freunde und Verwandten, um mich anzuflehen, und sagte, er habe mich geschlagen, weil ich seine anderen Kinder nicht akzeptiert habe.

Der Besuch meiner Mutter in Deutschland

Ich lud meine Mutter ein, mich in Deutschland zu besuchen, und als sie kam, flehte sie mich auch an, Raymond zu vergeben und zu verstehen; ich sagte nein. Nach einigen Monaten kehrte meine Mutter nach Nigeria zurück. Ich erlaubte ihm, zu mir zu kommen, bevor meine Mutter abreiste, weil ich die Wünsche meiner Mutter respektieren musste, damit sie sich nicht schlecht fühlte. Meine Freunde, die meine Mutter besuchten, rieten ihm, sich zu ändern, und so vergaß ich meine Probleme mit ihm für einige Zeit, weil ich dachte, er würde sich vielleicht ändern, aber er bestand immer noch darauf, dass die Kinder zurückkommen sollten. Wir wechselten ein paar Worte, und er schlug mich wieder. Er stellte sein Bein auf meinen Kopf, und ich begann um Hilfe zu schreien. Auch Karl schrie und weinte, er solle mich in Ruhe lassen, aber er weigerte sich. Schließlich gelang es mir, mich aus seinem Griff zu befreien, und ich rannte hinaus und rief die Polizei. Ich sagte der Polizei, dass ich nicht wolle, dass er jemals wieder bei mir wohne, dass er seine Sachen packen und meine Wohnung verlassen solle. In diesem Moment wurde mir klar, dass er mich eines Tages umbringen würde, wenn ich mit Raymond zusammenbliebe. Ich wollte ihn nicht verlassen, weil die Leute über mich lachen würden, vor allem meine Verwandten, aber ich konnte die Schläge einfach nicht mehr ertragen, also packte er seine Sachen und verließ schließlich meine Wohnung.

Treffen mit Herrn Felix

Nach einigen Jahren rief mich eine nigerianische Frau an, die ich in Bexbach kannte, um mir mitzuteilen, dass sie mich besuchen wollte; sie kam mit ihrem Mann und ihren Kindern. Als sie kam, sprachen wir darüber, und sie stellte mir ihren Bruder vor, der in Italien lebt; sie sagte, der Bruder sei ein sehr guter, verantwortungsvoller und fleißiger Mann. Ich stellte ihr Fragen über ihren Bruder, wie viele Kinder er habe, ob er verheiratet sei und andere notwendige Fragen. Sie sagte, er sei nicht verheiratet, aber er habe fünf Kinder. Nach ein paar Tagen reiste sie mit ihrer Familie ab, und zwei Wochen später kam ihr Bruder Felix nach Deutschland, um mich zu besuchen; er sah unschuldig und nett aus.

Als er kam, kaufte er ein paar Sachen für mich; er hatte seine Schwester bereits nach den Größen meiner Unterwäsche gefragt. Ich war so beeindruckt, denn Raymond hat nie etwas für mich gekauft. Ich war diejenige, die alles machte. Ich lud ihn nicht in meine Wohnung ein, sondern buchte ein Zimmer außerhalb meiner Wohnung, in das wir beide gingen, um zu reden. Ich stellte ihm weitere Fragen, ging aber trotzdem nicht auf seine Annäherungsversuche ein, weil er viele Kinder hatte. Er blieb zwei Tage und fuhr dann zurück nach Italien. Als er ging, hatte ich das Gefühl, dass er ein netter Mann war, mit dem ich gerne zusammenleben und ihn heiraten würde. Beim zweiten Mal kam er wieder, um mich zu besuchen; er tat eine Menge für mich und wusste, wie man eine Frau beeinflussen konnte. Ich habe ihn auch in vielerlei Hinsicht getestet. Er war in Ordnung, und so wie er redete und verstand, sah er wie ein verantwortungsvoller Mann aus.

Als er mich das dritte Mal besuchte, hatte ich bereits eine Wohnung gekauft, und er half mir beim Packen und Umziehen. Als wir in die neue Wohnung einzogen, luden wir zur Feier des Tages einige Freunde und Verwandte ein. Er war so hilfsbereit wie ein Mann, den ich wirklich brauchte, und ich verliebte mich in ihn. Ich kümmerte mich jetzt gut um meinen Körper; er brachte mir das Kochen und so viele andere Dinge bei. Wenn ich etwas Falsches sagte, korrigierte er mich sanft; wenn ich ein Kleid trug, sagte er, ob es in Ordnung sei oder nicht; er war sehr verständnisvoll.

Wieder verheiratet.

Ich war auch diejenige, die arbeitete und mein Geld ausgab, weil er auch keine Arbeit hatte, aber er versprach mir, dass er mir helfen würde, die Hypothek für die Wohnung zu bezahlen, wenn er eine Arbeit hätte. All dies gab mir das Gefühl, dass er ein netter Mann war, mit dem ich den Rest meines Lebens verbringen konnte. Es war mir egal, was ich für ihn ausgab.

Nachdem wir eine Weile zusammen waren, erzählte er mir, dass er vorhatte, nach Nigeria zu reisen. Ich sagte ihm, er solle warten, und die Schwester bestand darauf, dass wir heirateten, also brachte er die Heiratspapiere nach Deutschland, und ich brachte sie zur Überprüfung zum Standesamt. Sie sagten, sie würden prüfen, ob er verheiratet sei und ob die Heiratspapiere, die er mitgebracht hatte, korrekt seien. Als ich nach Hause kam, erzählte ich ihm alles, was sie gesagt hatten, und er sagte, ich solle mir keine Sorgen machen; sogar die Schwester sagte, ich solle mir keine Sorgen machen und dass der Bruder ein netter Mann sei und mich gut behandeln würde. Sie riet mir, nach Dänemark zu fahren und dort zu heiraten, also rief ich beim dänischen Standesamt an. Ich teilte ihnen mit, dass wir dorthin kommen und dort heiraten wollten und dass wir ihnen die Heiratspapiere schicken würden; sie waren einverstanden, und wir begannen mit der Planung der Hochzeit.

Ich musste das Hotelzimmer, in dem wir vor der Hochzeit wohnen wollten, für eine Woche mieten. In diesem Hotel mussten wir für uns selbst kochen, und ich hatte nicht genug Geld auf der Bank. Es gelang uns, dort zu heiraten; wir ließen mein Auto am Bahnhof stehen und nahmen den Zug nach Dänemark. Wir mussten Lebensmittel und andere notwendige Dinge in den Geschäften kaufen, und die Dinge waren in Dänemark sehr teuer. Ich habe nur die billigen Sachen gekauft, und als wir im Hotel ankamen, habe ich sie zubereitet. An jenem Tag, als wir in Dänemark einkauften, fiel mir eine Sache an ihm auf: Er suchte sich ein Hemd aus. Ich sagte ihm, dass ich nicht genug Geld hätte und es deshalb nicht kaufen könnte, woraufhin er sehr wütend wurde. Er dachte, ich hätte viel Geld und sei sehr reich; da wurde mir klar, dass ich wieder einen sehr großen Fehler in Bezug auf Männer gemacht hatte, aber ich hatte schon Vorbereitungen für die Hochzeit getroffen.

Ich habe die Schwester eingeladen, aber sie ist nicht gekommen. Sie sagte, sie habe nicht das Geld, um hierher zu reisen. Wir haben dann geheiratet; er brachte die Ringe mit, die er aus Italien mitgebracht hatte, weil er wollte, dass wir sofort heiraten. Wir heirateten und steckten uns die Ringe an die Finger. Als wir fertig waren, sagte Felix, dass er den Ring nicht tragen könne, weil er eine Operation an seinem Ringfinger hatte; ich sah ihn nur an. Am nächsten Tag verließen wir Dänemark, nahmen den Zug und kehrten zum Bahnhof zurück, um mein Auto abzuholen. Als ich dort ankam, sah ich, dass sie einen Zettel an das Auto geheftet hatten und dass ich für das Parken am falschen Ort bezahlen musste. Als wir nach Hause kamen, meldete ich ihn im Standesamt an, dass wir nun verheiratet waren.

Ich nahm meine Arbeit wieder auf. Zeitweise hatte ich Nachtdienst. Eines Tages rief mich eine der Damen an, die ich in meine Wohnung eingeladen hatte, als ich den Kauf des Hauses feierte, und sagte, es sei schade, dass ich Felix geheiratet habe, sie kenne mich sehr gut, ich sei ein guter Mensch, aber Felix sei ein nutzloser Mann, er sei überhaupt nicht verantwortungsbewusst. Sie sagte, sie habe darüber nachgedacht, ob sie es mir sagen solle oder nicht. Ich sagte ihr, dass das kein Problem sei und dass sie mir alles sagen könne. Die Dame sagte, dass Felix sie gleich nach meiner Abreise zur Arbeit anrufen würde, um sich mit ihr zu verabreden, und dass er sich in sie verliebt habe; sie könne es nicht länger verschweigen, deshalb erzähle sie es mir. Ich sagte mir, wenn ich gewusst hätte, was für ein Mann er ist, hätte ich ihn nicht geheiratet.

Später rief mich auch eine meiner Cousinen, die in Italien lebte, an und sagte, dass sie mir etwas zu sagen hätte. Sie sagte, als sie mich besuchte, habe mein Mann ihr ein Kleid und etwas Geld gegeben, um es einer Frau zu geben, die ebenfalls in Italien lebt. Das Kleid war für ein Mädchen von etwa fünf bis sechs Jahren. Ich fragte Felix, was meine Cousine gesagt hatte. Daraufhin erzählte er mir, dass es in Italien eine Frau gibt, die ein kleines Mädchen von ihm bekommen hat. Ich fragte ihn, warum er mir das nicht schon früher gesagt habe, und er sagte, er habe Angst, dass ich ihn nicht heiraten würde, wenn ich es wüsste. Ich sagte, dass ich ihm von Anfang an gesagt habe, dass ich jemanden brauche, der mir immer die Wahrheit sagt; er hat es mir zuerst nicht gesagt, und auch seine Schwester hat es mir nicht gesagt. Ich war wütend, dass ich wieder zum Opfer geworden war. Ich rief die Schwester an, und sie behauptete, dass sie selbst nichts davon wüsste. Ich beschloss, mir nichts daraus zu machen, solange die Dame nicht in Deutschland lebte und er auch nicht mit ihr verheiratet war.

Nach einer Weile wollte er unbedingt nach Nigeria reisen, also kaufte ich ihm ein Ticket, und er reiste ab. Als er in Nigeria ankam, rief ich ihn an, aber er antwortete nicht, also rief ich seinen Sohn an, den er mir zuvor vorgestellt hatte. Der Junge erzählte mir, sein Vater habe ein Problem mit seiner Mutter in Nigeria. Ich fragte ihn, ob er mir die Nummer seiner Mutter geben könne, was er tat, und ich rief sie an. Ich begrüßte sie und fragte sie, was das Problem sei. Sie erzählte mir, dass sie sieben Kinder mit Felix hat und dass die Familie nun will, dass sie sich von ihm trennt und sein Haus verlässt. Ich war geschockt; es war, als würde mir das Telefon aus der Hand fallen. Ich sagte, dieser Mann habe mir nicht gesagt, wer er wirklich sei. Selbst Raymond war viel besser als er. Felix war voll von Lügen. Ich weinte mir die Augen aus. Ich konnte es niemandem erklären, und ich wünschte, ich hätte Raymond zurückgerufen.

Felix machte weiter mit Frauen, obwohl er keinen festen Job hatte; er hatte noch nie lange irgendwo gearbeitet, ganz zu schweigen davon, dass er irgendwelche Bewerbungsschreiben hatte. Ich habe es wirklich bereut, ihn geheiratet zu haben. Ich war diejenige, die die Rechnungen bezahlte, und es gab keine Hilfe von ihm; ich brachte ihn zur Schule, aber als ich sah, dass die Last schwer auf mir lastete, bat ich ihn, selbst zur Schule zu gehen. Ich kaufte ihm Fahrkarten und zeigte ihm zweimal, wie er zum Bahnhof nach Mulhien und zurück kommt. Ich habe das etwa drei Monate lang ohne staatliche Hilfe gemacht. Er machte die Prüfung zum ersten Mal und fiel durch. Er musste die Schule abbrechen und blieb für einige Monate zu Hause. Ich sagte ihm, er müsse zur Schule gehen und die Sprache lernen, um einen guten Job zu bekommen. Später bekam er die Erlaubnis, zum Unterricht zu gehen; er legte die Prüfungen zum zweiten Mal ab und bestand. Ich sagte ihm, er solle die Schule weiter besuchen, damit er ein B1 machen könne. Er sagte, er sei nicht nach Deutschland gekommen, um nur zur Schule zu gehen; er habe eine Familie zu ernähren, und er werde schon alt, also hörte er bei A1 auf und bekam stattdessen einen Job als Gärtner, aber er hatte immer noch einige Probleme, weil sein Deutsch noch immer nicht gut war. Sie arbeiteten zu zweit im Garten, aber nachdem sie neun Monate lang gearbeitet hatten, wurden sie entlassen; er konnte sich nicht erklären, warum. Ich musste ihm helfen, eine andere Arbeit zu finden. Er bekam eine andere Stelle als Hilfskraft in einem Restaurant; sie kamen mit ihm zurecht, weil er seinen Charakter ein wenig veränderte. Sie schickten ihn auf Besorgungen, und als er nach Hause kam, beschwerte er sich, dass sie ihn immer wieder hin und her schickten. Ich erinnerte ihn daran, dass ich ihm geraten hatte, die Schule fortzusetzen, um einen angemessenen Job zu bekommen, aber er weigerte sich, meinen Rat anzunehmen. Nachdem er einige Monate dort gearbeitet hatte, wurde er wieder entlassen.

Eines Tages betrank er sich, beleidigte mich und beschimpfte mich mit allen möglichen Schimpfwörtern, und ich weinte und machte mir Vorwürfe, dass ich so einen Mann geheiratet hatte. Es war nun drei Jahre her, dass wir geheiratet hatten, und er brachte alle seine schlechten Eigenschaften zum Vorschein. Ich rief die Schwester an, die ihn mir vorgestellt hatte, und berichtete ihr alles; sie entschuldigte sich für alles, was der Bruder mir angetan hatte, und versprach, mit ihm zu reden. Sie sprach mit ihm und sagte ihm, er solle aufhören zu trinken. Ich schämte mich, weil ich wusste, dass die Leute, die uns kannten, mich auslachen würden. Ich fing an, an vieles zu denken, und ich hatte Angst, dass ich sogar mein Haus verlieren könnte. Dann wäre alles, was ich bezahlt hatte, umsonst gewesen. Ich dachte an das Richtige und beschloss, die Hypothekengesellschaft anzurufen; sie gaben mir einen Termin, obwohl ich vorher einen Brief geschrieben und bezahlt hatte. Ich traf mich mit ihnen, und später schickten sie mir die Originalpapiere. Daraufhin entspannte ich mich, auch Felix beruhigte sich ein wenig, und wir lebten ein wenig glücklicher zusammen, obwohl ich ihn im Herzen nicht mehr liebte. Immer, wenn er einen Anruf machte, ging er aus dem Schlafzimmer, um mit der Person zu sprechen, damit ich nicht hörte, was sie sagten. Das war mir egal, schließlich bin ich ja nicht immer zu Hause.

Eines Tages fordere ich ihn auf, sich hinzusetzen. Ich sagte ihm, er solle versuchen, an andere Dinge zu denken, die er tun könne; er könne Deutsch durch Youtube lernen und auch einen guten Job bekommen und gute Freunde im Internet finden, und nicht nur am Telefon reden und reden, was er nicht sagen sollte oder vorgeben, der zu sein, der er nicht ist, denn von nun an würde er keine Hilfe von mir bekommen. Er sollte hart für sich selbst arbeiten. Wenn er nach Nigeria reisen will, sollte er sein Geld nutzen, um alle Kosten zu decken, denn ich habe gehört, dass er bald nach Nigeria reisen will. Er kaufte sich einen Bus, als er noch als Gärtner arbeitete; er nutzte mich nur aus und hielt mich für einen Narren. Ich sah ihn nur an und lachte und sagte mir, dass er noch dümmer war als ich, weil er mein Haus bald verlassen würde.

Nach einer Weile, als ich sah, dass er wieder arbeitslos war und sich sein Charakter gebessert hatte, sagte ich ihm, ich würde zur Bank gehen und ihm Geld leihen, damit er ein Importgeschäft eröffnen und alte Gebrauchtwagen nach Nigeria kaufen und verkaufen konnte, denn er hatte immer damit geprahlt, dass er, als er in Nigeria war, im Importgeschäft tätig war. Ich bin zur Bank gegangen und habe ihm 20.000 Euro geliehen, aber ich habe ihn ernsthaft gewarnt, es dieses Mal nicht zu vermasseln. Ich sah in den Zeitungen, dass einige Lastwagen zum Verkauf standen, und rief sie an. Ich bat auch einen meiner Freunde, einen Schwarzen, ihm bei dem Geschäft zu helfen, und so gingen sie mit uns zum Kauf des Lastwagens. Als wir dort ankamen, benahm sich Felix gegenüber den Händlern daneben und redete so, als ob das Geld ihm gehören würde; auch die Leute, die uns begleiteten, benahmen sich. Wir kauften den Lkw und fuhren nach Hause, wo er ihn beladen wollte. Er hatte einige Gegenstände, die er am Straßenrand aufgelesen hatte, und einige gebrauchte Kleider, die er aufbewahrte. Er sorgte also dafür, dass sie in den Lastwagen geladen wurden.

Jedes Mal, wenn er dorthin ging, wo der Lastwagen beladen wurde, zog er sich fein an, und jeder, der ihn sah, dachte, er hätte Geld, obwohl er nichts in seinen Taschen hatte. Ich fragte ihn gewöhnlich, warum er sich so anziehe, ob er nicht Arbeitskleidung tragen könne wie die Leute, die dort arbeiteten, aber weil er so stolz war, wollte er nicht zuhören. Ich sagte ihm, dass Gott sogar in der Bibel sagt, dass wir nicht stolz sein sollen.

Nach zwei Wochen kauften wir einen weiteren Lkw, um den anderen zu ergänzen. Ich gab ihm auch das Auto, das ich vorher fuhr, zusammen mit anderen Gegenständen, und er brachte sie nach Nigeria; wir mussten die Verlader und das Transportunternehmen auch von dem Geld bezahlen, das ich mir geliehen hatte. All das habe ich für ihn getan, aber er war trotz meiner Warnungen immer noch ein Frauenheld. Als er in Nigeria ankam, blieb er zunächst einige Tage in einem Hotel in Lagos, um die Waren zu verzollen. Wegen der Abwertung des nigerianischen Naira wurden die Abfertigungskosten sehr hoch, sodass ich meinem jüngeren Bruder Geld schicken musste, um ihm in dieser Situation zu helfen, denn er hatte kein Geld, nicht einmal in Nigeria; ich war diejenige, die seiner ganzen Familie half. Ich riet ihm, alles in Lagos zu verkaufen, aber er weigerte sich und brachte die Sachen nach Benin City, weil er damit angeben wollte, damit die Leute wussten, dass er in Deutschland gewesen war und dass er Geld hatte, vor allem seine Freunde in Benin.

Nachdem er die Gegenstände, die er nach Nigeria gebracht hatte, verkauft hatte, ließ er meinem jüngeren Bruder einen kleinen Teil des Geldes da und begann, ein Haus zu kaufen. Ich fragte ihn, für wie viel er alle Gegenstände verkauft hatte, und er sagte, er habe die meisten Gegenstände nicht verkauft. Ich sagte ihm, ich hoffe, er wisse, dass ich mir das Geld für dieses Geschäft von der Bank geliehen habe und dass ich das Geld schrittweise zurückzahlen müsse, aber er hörte nicht zu. Ich sagte ihm, er solle mir sofort 2000 Euro schicken, um sie an die Bank zu überweisen, von der ich das Geld genommen hatte, aber er tat es nicht. Jetzt musste ich meinem jüngeren Bruder sagen, er solle mir 1000 Euro von dem Geld schicken, das er bei sich hatte, damit ich es der Bank geben konnte, sonst bekäme ich Schwierigkeiten. Es waren 5000 Euro, die bei ihm waren.

Mein Mann kaufte ein Auto und brachte es nach Nigeria, um es zu verkaufen, aber weil er viele Kinder hatte und viele Ausgaben zu tätigen hatte, gab er das Geld aus und bat meinen Bruder, ihm mehr von meinem Geld zu geben. Ich musste meinem Bruder sagen, dass er ihm kein Geld mehr geben sollte, weil er es für frivole Dinge vergeudete. Als er das dritte Mal auf eine Geschäftsreise nach Afrika ging, sagte ich ihm, er solle Geld sparen für alles, was er sich kaufen wolle, denn er würde nie wieder etwas von meinem eigenen Geld bekommen. Er sparte etwa anderthalb Jahre lang Geld. Ich wusste nicht, wie viel er sparen konnte, aber er war in der Lage, einige Autos für die Reise nach Afrika zu kaufen, ohne mein Geld anzufassen.

Ich arbeitete nun in einem der Dörfer in Deutschland und ging mit anderen Krankenschwestern von Haus zu Haus, um die Patienten zu versorgen. Eines Tages ging ich mit einer der Krankenschwestern zu einer Patientin namens Vicky; wir sollten sie waschen, aber Vicky lehnte ab, und die Schwester fragte sie, warum. Sie sagte, sie habe noch nie eine schwarze Frau gesehen; die Schwester fing an zu lachen und sagte, es gäbe jetzt viele Schwarze in Deutschland, und Schwester Mercy sei nicht zu schwarz. Ich schwieg und schaute die Frau an. Ich sagte der Schwester, sie solle sie selbst sauber machen. Sie war wütend und sagte, das könne nicht sein, sie müsse lernen, andere Menschen und auch andere Krankenpflegeschüler zu mögen. Vicky sagte nichts, die weiße Krankenschwester machte sie sauber und wir gingen, aber am nächsten Tag mussten wir noch einmal hingehen und sie sauber machen und ihr Medikamente geben.

Als wir am nächsten Tag dort ankamen, sagte ich der Pflegeschwester noch im Auto, dass ich nicht glaube, dass

Vicky mir erlauben würde, sie zu säubern, sondern dass ich im Auto bleiben sollte und sie allein ins Haus gehen sollte. Sie sagte, ich solle mir keine Sorgen machen und sie würde mit Vicky sprechen, also gingen wir hinein und machten sie sauber. Wir arbeiteten mit einigen anderen Patienten zusammen, ohne dass es Probleme gab; einige von ihnen mochten mich sogar. Die Schwester sagte ihr, wenn sie mir nicht erlaube, sie zu säubern, würden wir nicht mehr kommen, und ihr Termin würde abgesagt; sie verstand und erlaubte mir, sie zu säubern. Ich folgte der Schwester, um mich eine Woche lang um die Patienten zu kümmern; Sonntag war der letzte Tag, an dem ich mit ihnen fertig werden sollte, und als ich dort ankam, entschuldigte sich Vicky für ihr Verhalten am ersten Tag, und ich sagte ihr, es sei in Ordnung.

Nach dem Praktikum begann ich dort zu arbeiten. Die Mutter meines Chefs wurde auch ins Altersheim gebracht, und wir kümmerten uns um sie; sie war blind. Sie schickten mich, um sie zu putzen und ihr zu essen zu geben. Als ich sie das erste Mal sah, rief sie jede Minute „Hallo"; ich nahm sie und setzte sie zwischen zwei alte Leute, aber sie rief immer noch „Hallo"; ich dachte, ich würde wegen ihrer Schreie Hörprobleme bekommen. Die anderen Krankenschwestern wollten nicht zu ihr gehen; wenn sie sahen, dass ich neu war, baten sie mich, zu ihr zu gehen und sich um andere schwierige alte Patienten zu kümmern.

Mein Sohn Karl lebte bei mir, und ich hatte nicht genug Geld, um für meine Bedürfnisse zu sorgen. Die staatliche Unterstützung war gering, weil ich jetzt verheiratet war; wenn ich mehr Unterstützung vom Staat wollte, musste ich einen Antrag stellen. Raymond, Karls Vater, unterstützte ihn überhaupt nicht, obwohl er zu dieser Zeit arbeitete und sogar eine Freundin hatte. Karl sagte mir, als er ihn besuchte, dass er sich für seinen Vater freue, dass er jetzt eine Freundin habe, die ihm Gesellschaft leiste. Ich erwiderte, dass ich mich auch für ihn freute. Jedes Mal, wenn Karl seinen Vater besuchte, gab dieser ihm kein Geld, nicht einmal so wenig wie 20 oder 10 Euro. Manchmal vergingen drei Monate, ohne dass er anrief, um sich nach dem Wohlergehen seines Sohnes zu erkundigen. Ich rief ihn an und stritt mit ihm, manchmal versuchte ich, ihn zu zwingen, Karl abzuholen, aber er kam immer noch nicht, aber wenn es eine Party war, auf die Karl gehen sollte, kam er, denn er liebt Partys und Freunde.

Tod von Herrn Raymond

Karls Vater, Raymond, lebte immer noch bei seinen Kindern, die er aus Nigeria mitgebracht hatte; wir sprachen über sie, als er eines Tages zu Besuch kam, und er erzählte mir, dass sie wegen Diebstahls verhaftet worden waren und im Gefängnis saßen. Er sagte, der Jüngere sei nach sechs Monaten freigelassen worden, aber der Ältere sei immer noch dort und er wolle einen Anwalt für ihn besorgen. Wir besprachen noch einige andere Dinge, und nach einer Weile ging er nach Hause. Ein paar Monate später wurde ich angerufen und mir wurde gesagt, dass Raymond tot sei, er sei an hohem Blutdruck gestorben.

Ein paar Tage später hatte ich auf der Arbeit Nachtdienst; Karl weinte zu Hause, obwohl ich jemanden gebeten hatte, sich um ihn zu kümmern. Er sagte, dass er seinen Papa vermisse, dass er ihm zwar kein Geld gebe, ihn aber wenigstens am Leben lasse, weil er seinen Papa von ganzem Herzen liebe. Bevor Raymond starb, entschuldigte er sich und sagte, es täte ihm leid, aber ich war bereits mit Felix verheiratet. Also tröstete ich Karl und sagte ihm, dass auch ich seinen Papa vermisse. Seine Freunde und Kirchenmitglieder gaben ihm Geld für die Beerdigung. Für Karl war dieses Jahr ein sehr schmerzhaftes Jahr. Eines Tages kam er zu mir und sagte: „Mutti, ich habe einen Freund, der sechs Jahre alt ist, und der hat auch gerade seinen Vater verloren. Ich glaube, ich bin jetzt in einer besseren Position, um ihn zu ermutigen.

Drei Tage nach der Beerdigung gingen Karl und ich zu dem Friedhof, auf dem Raymond begraben war. Als wir dort ankamen, weinte Karl und sagte mir, ich solle ihn einen Moment allein lassen, er wolle mit seinem Vater sprechen; ich ließ ihm etwas Raum. Als er fertig war, kam er zu mir und sagte, dass er sich jetzt besser fühle, und ich sagte ihm, dass sein Vater ein guter Mann gewesen sei und dass wir meistens, wenn wir alt sind, anfangen, die Fehler, die wir gemacht haben, als wir jünger waren, zu erkennen und einzusehen, dass er noch ein Kind sei und es jetzt vielleicht nicht verstehen könne. Ich erzählte ihm, dass ich die Einzige war, die sich um ihn und sogar um seinen älteren Bruder Kelly gekümmert hat, und dass Kelly auch seinen Vater in einem sehr jungen Alter verloren hat. Ich erzählte ihm, dass ich jetzt schon sehr lange alleinerziehend bin, und selbst als ich mit Lenas Vater zusammen war, konnte er Lena nicht lange halten, weil er viel älter war als ich. Wegen des Altersunterschieds war er wie ein Vater für mich, aber jetzt hilft mir Lena sehr; ich danke Gott, dass ich noch in Deutschland bin. Ich hatte Mühe, eine Wohnung zu kaufen, weil das ganze Haus sehr teuer war. Ich habe so hart gearbeitet, um die Hypothek für die Wohnung bezahlen zu können. Obwohl ich einen Ehemann habe, war es so, als hätte ich keinen Ehemann. Karl sagte mir, das sei in Ordnung; er wisse, dass ich mein Bestes für ihn tue und dass er mir helfen werde, wenn er alt genug ist und einen guten Job bekommt. Ich habe ihm gesagt, dass er nicht hart für mich arbeiten muss. Ich habe genug für mich selbst gekämpft, und er sollte lieber für sich selbst hart arbeiten, ob er nun hier in Deutschland oder in Afrika ist, denn das Leben ist sehr schwer, besonders für diejenigen von uns mit dunkler Hautfarbe.

Als wir nach Hause kamen, setzte er sich eine Weile hin und sagte, als der Vater auf dem Friedhof beerdigt wurde, hätten viele Leute nach seiner Adresse gefragt und gesagt, sie würden kommen, um nach ihm zu fragen, aber bis heute sei keiner von ihnen gekommen, selbst der Bruder seines Vaters sei nicht gekommen, um ihn zu sehen. Ich sagte ihm, er solle sich keine Sorgen machen; wenn er erwachsen wird und seine Ziele erreicht, werden sie alle eines Tages kommen. Ich ermutigte ihn, denn Karl wusste nicht, wie er sich verhalten sollte. Später fing er an, seine Spiele zu spielen, und als es Abend wurde, ging ich ins Bett, um zu schlafen. Am nächsten Tag ging er zur Schule, und ich ging zur Arbeit.

Eines Tages, als ich von der Arbeit nach Hause kam, setzte ich mich ins Wohnzimmer. Karl kam herein und fragte, wo sein Onkel sei; er kannte den Namen meines Mannes nicht, also nannte er ihn Onkel. Ich sagte ihm, er sei zu Bett gegangen, dann setzte er sich zu mir und sagte, er verstehe ihn nicht, wenn ich zu Hause sei, würde er sehr früh zu Bett gehen, aber wenn ich nicht zu Hause sei, bleibe er sehr lange im Wohnzimmer. Ich sagte Karl, er solle sich keine Sorgen machen und dass Felix tun könne, was er wolle. Wenn er das Gefühl habe, dass das, was er tue, richtig sei, solle er weitermachen. Ich konnte nicht den ganzen Tag zu Hause bleiben, weil ich ihn überwachen wollte. Danach ging Karl in sein Zimmer, und ich ging auch in meins. Ich habe Felix nicht gefragt, was Karl gesagt hat, wir haben so weiter gelebt.

Als ich eines Tages über Felix' Probleme nachdachte, sagte ich ihm, dass ich eine andere Arbeit für ihn suchen würde, die er neben dem Geschäft erledigen könnte, damit er nicht so viel Zeit zum Telefonieren hätte. Ich habe die Telefonnummer und die E-Mail-Adresse der Telefongesellschaft, für die er derzeit arbeitet, für den Fall, dass sie ihm Anweisungen geben, die er aufgrund seiner schlechten Deutschkenntnisse nicht versteht; ich könnte sie dann anrufen und es ihm richtig erklären. Er sagte nein, er wolle nach Afrika gehen, und wenn er zurückkäme, könnte ich das tun. Also habe ich gewartet, bis er aus Afrika zurückkam. Als er zurückkam, besorgte ich ihm einen Job, wo früher Lastwagen geparkt wurden, denn er sagte, er brauche mehr Geld. Bei all dem Geld, das er bekam, gab er mir immer noch nichts für Lebensmittel oder so. Ich kam mir so dumm vor und war wütend auf mich selbst, weil ich ihn geheiratet hatte. Als wir uns eines Tages stritten, sagte ich ihm, dass er mir von diesem Tag an Geld für Nahrungsmittel und den Haushalt geben solle, und dass er, wenn er es sich nicht leisten könne, ausziehen, sich ein anderes Haus suchen und seine Miete, Telefonrechnungen, Lebensmittel und viele andere Dinge selbst bezahlen solle. Er erhielt bis zu 700 Euro, also wäre es nicht so schlimm, wenn er mir mindestens 150 Euro geben würde; wenn nicht, sollte er mein Haus verlassen. Ich sagte ihm, dass er ein boshafter Mann sei, dass er deshalb nicht weiterkomme und dass sogar die Bibel sage, dass ein Mann für seine Frau und seine Familie sorgen solle.

Meine geliebte Mutter verloren

Während dieses Prozesses habe ich meine Mutter verloren. Ich versuchte, etwas Geld zu sparen, um ein Ticket zu kaufen und für die Beerdigungszeremonie nach Nigeria zu fliegen, denn nach der Tradition muss ich, wenn eine Mutter stirbt, je nach Familie, aus der sie stammt, als erste Tochter und verheiratet, anwesend sein, um das zu tun, was die Familie von mir verlangt. Also bereitete ich mich vor, kaufte ein Ticket und flog nach Nigeria zur Beerdigungszeremonie. Ich musste auch für ihn ein Ticket kaufen, weil er sagte, er habe kein Geld; denn nach der Tradition musste er anwesend sein, egal ob er Geld hatte oder nicht. Ich musste also alles tun, was mir für die Beerdigungszeremonie zugewiesen wurde, obwohl er immer wieder damit prahlte, dass er seine Familie und Freunde eingeladen hatte.

Während der eigentlichen Beerdigung brachten wir als Erstes meine Mutter aus der Leichenhalle. Er war nicht da, aber als wir in die Straße meiner Mutter kamen, sah ich ihn dort auch tanzen. Die Familie meiner Mutter war bereits im Haus, um die sterblichen Überreste ihrer Schwester in Empfang zu nehmen. Er wartete einige Zeit im Haus und ging dann wieder. Meine Geschwister hatten schon alles arrangiert, bevor ich nach Nigeria kam. Sie trafen Vorbereitungen für das Essen, die Kirche, den Ort des Empfangs und andere Dinge; sie haben mir wirklich sehr geholfen. Beim Gesellschaftstanz musste ich mich der Tradition entsprechend kleiden, als Bini-Prinzessin.

Meine Freunde und meine Familie besprühten mich mit Geld; mein Mann besprühte mich nicht mit Geld, sondern sammelte das Geld ein, das die Leute besprühten, und gab es mir zurück. Nach der Beerdigungszeremonie verbrachte ich zwei Wochen und kehrte dann nach Deutschland zurück.

Ich vermisse meine Mutter

Ich vermisse meine Mutter und meine Familie in Nigeria, vor allem meinen jüngeren Bruder und meine Schwester, die sich mir gegenüber so reif verhalten haben, wofür ich ihnen heute noch sehr dankbar bin. Ich erinnerte mich an meine Mutter, als sie nach Deutschland kam; es war Sommer. Als wir uns das erste Mal unterhielten, sagte sie, dass das Wetter nicht kalt sei und dass sie, wenn es Winter sei und das Wetter kalt sei, wieder nach Afrika zurückkehren wolle. Sie erzählte mir, was zu Hause in Afrika passierte, von den Menschen, die ich im Dorf kannte, von denen, die noch lebten und von denen, die bereits gestorben waren. Meine Mutter war eine unabhängige Frau, die nicht von ihren Kindern abhängig war. Sie beklagte sich immer, dass die Dinge in Afrika teuer seien, aber sie bat uns nicht direkt um Geld.

Wir haben uns über sie lustig gemacht, und sie hat gelacht. Sie erzählte uns dann, wie sie als junge Frau gelitten hatte, gleich unter ihrem ersten Mann, dem sie fünf Kinder gebar, von denen aber nur zwei überlebten. Wie sie früh heiraten und nicht zur Schule gehen musste, damit ihr jüngerer Bruder zur Schule gehen konnte; denn ihre Mutter hatte nur sie beide. Die Familie rief sie eines Tages einfach an und stellte sie einem Mann vor, mit dem sie sich zum ersten Mal traf, und sagte: „Ab heute ist dieser Mann dein Ehemann. Sie konnte nicht widersprechen und heiratete den Mann einfach.

Als sie zu gebären begann, starb das Kind einige Tage nach der Entbindung. Die Familie des Ehemannes war nicht christlich; sie waren diabolisch und brachten eine Menge Opfer. Ich sagte meiner Mutter, dass ich nicht glaubte, dass es die Opfer waren, die ihre Kinder töteten, sondern dass es vielleicht Infektionen waren, weil es in Afrika keine ordentliche Hygiene gab und keine guten Ärzte, und selbst damals entbanden einige Frauen ihre Kinder noch zu Hause, weil sie kein Geld für Krankenhausrechnungen hatten. Wenn die Frau und das Kind Glück hatten, überlebten sie, wenn sie kein Glück hatten, starben sie, oder einer von ihnen starb.

Meine Mutter lachte und sagte, ich könne das nicht verstehen, weil die Welt so tief sei, und weil ich in Deutschland lebe, solle ich die Menschen nicht unterschätzen. Sie fuhr mit ihrer Geschichte fort und sagte, dass sie nach dem Tod des Letzten der drei Kinder, die gestorben waren, den Mann verließ und meinen Vater heiratete. Sie sagte, mein Vater sei ein netter Mann, aber sie könne ihm kein männliches Kind gebären, und er sei ernsthaft auf der Suche nach einem männlichen Kind, weil er aus einer königlichen Familie stamme, also habe er andere Frauen geheiratet, die ihm auch weibliche Kinder schenkten.

Ich erinnerte mich daran, wie meine Mutter mich und meine verstorbene Schwester Martha mitnahm, um meinen Vater zu besuchen; als wir dort ankamen, war mein Vater nicht zu Hause, also warteten wir draußen. Als wir herumgingen, sahen wir eine Frau; sie war ein Zwerg und taubstumm. Wir riefen unsere Mutter an und sagten ihr, dass es so aussah, als hätte unser Vater eine neue Frau.

Meine Mutter kam und versuchte, mit der Frau zu sprechen, aber sie konnte nicht sprechen, sodass meine Mutter ihre Hand benutzte, um es ihr zu zeigen, damit sie es verstand, und sie sprach auch ihre Antwort an meine Mutter aus. Meine Mutter schien sie zu verstehen und wartete, bis mein Vater zurückkam; er hatte ein weißes Fahrrad. Als wir ihn kommen sahen, liefen wir los, um ihn zu umarmen.

Wir gingen ins Haus, und meine Mutter fragte ihn, ob er wieder geheiratet habe; er bejahte, und meine Mutter sagte, das sei in Ordnung, diese sei jung, und vielleicht könne sie ihm einen kleinen Jungen schenken. Er sagte natürlich ja, und meine Mutter lachte. Meine Mutter fuhr mit ihrer Geschichte fort und sagte, dass die Sehnsucht meines Vaters nach einem kleinen Jungen der Grund für seinen frühen Tod war. Ich fragte meine Mutter, was so besonders daran sei, ein männliches Kind zu haben; sie sagte, das sei in Afrika sehr wichtig, zumal mein Vater aus einer königlichen Familie stamme. Ich sagte ihr, dass das in Europa nicht so sei, dass die Menschen in Afrika wegen der männlichen Kinder nicht überleben.

Nachdenken über das Leben meiner verstorbenen Schwester

Ich dachte auch an meine verstorbene Schwester Martha und wie sie gestorben ist. Zu dieser Zeit arbeitete ich bereits als Krankenschwester mit verschiedenen Instrumenten, und meine Mitarbeiter waren sehr nett zu mir. Ich war sehr glücklich, in Deutschland zu leben, denn seit meiner Ankunft hatte ich noch nie einen schlechten Mitarbeiter erlebt; sie waren alle sehr nett zu mir. Als Krankenschwester habe ich vielen Menschen geholfen und konnte viele Patienten retten, deshalb fühle ich mich sehr schlecht, dass ich meiner Schwester nicht helfen konnte, als sie krank war. Ich dachte über ihr Leben in Afrika nach. Meine Schwester Martha lebte in Lagos, Nigeria, in Afrika; sie heiratete, und ihr Leben als junge Frau verlief gut, denn sie war gebildet, und der Mann, den sie heiratete, war ebenfalls gebildet; beide verstanden sich, aber als sie im siebten Monat schwanger war, starb ihr Mann, und das Leben wurde schwierig für sie. Ich war zu dieser Zeit bereits in Europa und konnte sie daher nicht besuchen. Nach der Beerdigung ihres Mannes kehrte sie nach Lagos zurück, und zwei Monate später brachte sie einen kleinen Jungen zur Welt, den sie Akachukwu nannte.

Als Akachi drei Monate alt war, musste meine Schwester Lagos verlassen und nach Benin City, unserer Heimatstadt, ziehen, weil die Dinge in Lagos sehr schwierig für sie wurden; es gab von niemandem Unterstützung. Zunächst lebte sie bei meiner Mutter. Sie suchte sich eine

Arbeit und begann zu arbeiten, um meine Mutter mit Lebensmitteln zu versorgen und für sich und ihr Kind zu sorgen. Später verließ sie das Haus meiner Mutter und mietete ein Zimmer in der Nähe ihres Arbeitsplatzes, während ihr Sohn weiterhin bei meiner Mutter und den jüngeren Geschwistern lebte. Ich musste sie unterstützen, weil es in Afrika keine Sozialhilfe gab; die einzige Entschädigung, die sie bekam, war die Abfindung ihres Mannes, die sie mit dessen Familie teilte. Ich musste ihr Geld schicken, um ein neues Leben zu beginnen, denn es gab keine staatliche Unterstützung oder reiche Familienmitglieder, und Freunde waren bereit zu helfen. Wir mussten zu Gott, dem Allmächtigen, beten, dass er uns in der damaligen Situation helfen möge.

Nach einer Weile kämpfte sie weiter und ging wieder zur Schule, um einen weiteren Kurs an der Universität zu belegen, während sie weiterhin arbeitete und Handel trieb. Nachdem sie neun Jahre lang allein gelebt hatte, lernte sie einen anderen Mann kennen und heiratete ihn, ohne zu wissen, dass der Mann noch mit seiner ersten Frau verheiratet war. Er log meine Schwester an, dass sie bereits geschieden seien, weil er ein männliches Kind suchte, und er sah auch, dass meine Schwester sehr fleißig war, denn zu dieser Zeit baute sie bereits ihr eigenes Haus in Afrika.

Als meine Schwester mit ihm schwanger wurde, erkrankte sie und wurde ins Krankenhaus eingeliefert. Meine jüngste Schwester war die Einzige, die sich im Krankenhaus um sie kümmerte, weil der Mann zu dieser Zeit in einer anderen Stadt arbeitete. Sie riefen ihn, damit er kam, aber er gab immer wieder die Ausrede, dass sie ihn nicht von der Arbeit freistellen würden. Nach etwa einer Woche kam er und brachte meine Schwester in ein anderes Krankenhaus in seinem Dorf und ließ sie dort mit der Begründung zurück, er wolle gehen und sich eine Genehmigung von der Arbeit holen. Er kam nicht zurück, bis meine Schwester mit dem Baby im Bauch starb. Er kam zurück, aber er bezahlte die Krankenhausrechnungen nicht, ich und meine Geschwister in Europa waren für alle Zahlungen der Krankenhausrechnungen und die Beerdigungskosten verantwortlich. Nach der Beerdigung meiner Schwester ist der neue Ehemann mit den Unterlagen für das Haus, das meine Schwester vor ihrem Tod gebaut hat, abgehauen, und bis heute haben wir ihn nicht mehr gesehen.

Die meisten afrikanischen Männer scheuen die Verantwortung; sie überlassen die Kinder der Frau, die sich ganz allein um sie kümmern muss. Trotz dieser Einstellung der afrikanischen Männer muss die afrikanische Frau auch die Familienmitglieder ihres Mannes lieben, denn wenn sie sie nicht liebt, hat sie keine Chance, mit dem Mann, den sie geheiratet hat, in Frieden zu leben. Sie werden nach jeder Möglichkeit suchen, die Frau zu zerstören, außer bei den Familienmitgliedern, die nichts von ihr erwarten oder die wahre Christen sind, die die Bibel verstehen und Gott fürchten.

Außerdem hat die Regierung in Afrika keine Form der Unterstützung für Frauen. Wenn man in Europa kein Geld hat und allein lebt, bekommt man Hilfe von der Regierung. Der Sohn meiner Schwester, Akachi, musste zum Haus meiner Mutter zurückkehren, um bei ihr zu bleiben. Ich, als Alleinerziehende, war diejenige, die meiner Mutter Geld schickte. Ich konnte nicht viel schicken; ich schickte nur das Wenige, das ich mir leisten konnte. Mein jüngerer Bruder in Europa schickte auch Geld für meine Mutter, meine jüngere Schwester, Kelly und Akachi nach Hause. Die Familie des Vaters von Akachi war nirgends zu finden; sie kümmerten sich nicht einmal darum, nach dem Kind zu fragen, ob es noch lebte oder nicht. Meine Mutter war damals schon alt; sie konnte das Wenige tun, was sie konnte, indem sie dafür sorgte, dass der Junge zur Schule ging, gut aß und die wichtigen Dinge des Lebens hatte. Wenn die Familie meiner Mutter nicht gewesen wäre, würde Akachi vielleicht auf der Straße herumlaufen, und er hätte weder zur Schule gehen noch essen oder gute Kleidung tragen können. Wir mussten meine Mutter anrufen, um mit dem Jungen zu reden und ihn zu ermutigen, gut zu sein.

Als er mit der Oberschule fertig war, ging er auf die Universität, und mein jüngerer Bruder in Europa bezahlte sein Schulgeld, weil er ein Mann war, der seine Familie sehr liebte und gottesfürchtig war, während ich mit Geld für Lebensmittel und andere Kleinigkeiten aushalf. In Europa würde das Kind von der Regierung unterstützt werden, aber in Afrika ist das nicht so; in Afrika ist alles so schwierig, vor allem, wenn man nicht gebildet ist.

Mein letzter Mann

Mein Mann kam eines Tages nach Hause, und ich sah, dass er getrunken hatte; er roch nach Alkohol. Er sagte nein, er trinke nicht, also beobachtete ich ihn weiter. An einem anderen Tag, bevor ich zur Arbeit ging, durchsuchte ich seine Tasche und sah eine große Flasche Whisky; ich sagte nichts, sondern ging zur Arbeit. Als ich von der Arbeit nach Hause kam, fragte ich ihn nach der Flasche Whisky; er leugnete es und fing an, mich zu beschimpfen, fragte mich, warum ich gegen ihn ermittle, dass er ein Mann sei und tun könne, was er wolle, und dass ich keinen Respekt vor ihm habe. Er sagte, er gehe nicht auf Partys und rauche keine Zigaretten, also könne er so viele Getränke kaufen, wie er wolle. Ich sah ihn an und dankte Gott, dass ich kein Kind für ihn hatte; hätte ich es getan, wäre ich wieder alleinerziehende Mutter eines Kindes geworden, denn er war nicht in der Lage, sich um ein Kind zu kümmern oder es zu lieben, er dachte nur an sich selbst. Er arbeitete nur vier bis fünf Stunden am Tag, und danach tat er nichts anderes, als unnötig zu telefonieren, Leute in Afrika anzurufen und sie über seine wahre Persönlichkeit zu täuschen. Afrikanische Männer verstehen es, Geheimnisse vor ihren Frauen zu verbergen; bevor die Frau die Wahrheit erfährt, sind viele Jahre vergangen.

Manche haben eine Frau in Afrika; sie werden es nicht sagen, weil sie einen in Europa heiraten wollen, um ihre Papiere zu bekommen oder weil sie in Europa leben wollen.

Einige dieser Männer sind sehr geheimnisvoll, so wie mein Mann Felix. Er hat vor mir geheim gehalten, dass er noch mit anderen Frauen verheiratet war. Er hatte vier Frauen, die mit ihm Kinder hatten; er sagte mir, er habe fünf Kinder, nur damit ich später herausfand, dass er in Wirklichkeit zwölf hatte. Einige dieser afrikanischen Männer haben auch Nebenfrauen, sie manipulieren die Frauen, und wenn sie eine erwischen, die keinen gesunden Menschenverstand hat, wird sie ihr Opfer. Es ist ihnen egal, was mit der Frau passiert; sie wollen nur mit der Frau schlafen. Selbst wenn man Fragen über sie stellt, wird man kaum die Wahrheit erfahren.

Felix' vierte Frau lebt sogar in Europa; auch sie hat er betrogen, denn er lebt immer noch mit dieser Frau in Europa, während er mit mir zusammenlebt. Die Frau weiß nicht, dass er eine fünfte Frau geheiratet hat, nämlich mich, und dass er auch mit mir zusammenlebt. Er erzählt ihr, dass dort, wo er arbeitet, die Leute, bei denen er lebt, niemandem erlauben, ihn zu besuchen, und die Wohnung auch sehr klein ist. Die Frau wird nur darauf warten, ihn zu sehen, wenn er zu ihr kommt. Ich habe keinen Kontakt zu der Frau; er versteckt sich immer wieder, um ihr kleine Geldbeträge zu schicken, und behauptet, er habe keine Arbeit und das Leben in Europa sei schwierig, und erzählt hier und da alle möglichen Lügen.

Er beschwert sich immer über alles; die Kinder stören ihn, damit er ihnen Geld für das Schulgeld schickt usw. Ich habe ihm gesagt, er solle mich nicht mit seinen zahlreichen Kinderproblemen belästigen, denn er habe mir noch nie davon erzählt, und er solle weiterhin tun, was ihm gefalle. Das Ärgerlichste an seinem Charakter ist, dass er, wenn er hungrig ist, kein Essen aus dem Gefrierschrank nehmen und aufwärmen kann, oder wenn er bei der Arbeit ist, Geld aus seiner Tasche nehmen und sich Snacks kaufen kann; er bleibt hungrig oder wartet, bis ich von der Arbeit zurückkomme, um zu kochen und ihm Essen zu geben, obwohl er Diabetes hat. Ich habe all diese Dinge für ihn getan, bis ich ihm eines Tages sagte, er solle meine Schlüssel ablegen und den Personalverantwortlichen, der seinen Namen auf den Briefkasten geschrieben hat, bitten, seinen Namen zu entfernen. Ich sagte ihm, er solle seine Sachen packen, aus meiner Wohnung ausziehen und sich eine eigene Wohnung mieten, ich könne seinen Stolz nicht länger ertragen und er solle gehen, und er sagte ja. Ich gab ihm zwei Monate Zeit, um mein Haus zu verlassen, er dachte, es sei einfach, in Europa zu leben, und er sagte, er würde gehen und einen Sozialraum von der Regierung bekommen, indem er politisches Asyl beantragt. Ich sagte ihm, er solle es tun, und wünschte ihm Glück. Er fing an, seine Sachen zu packen, und nach zwei Monaten verließ er schließlich mein Haus.

Zurück zur alleinerziehenden Mutterschaft

Ich war sehr froh, als er weg war. Ich belegte mein Bett mit anderen Laken, öffnete die Fenster, um frische Luft hereinzulassen, und bereitete ein köstliches Essen zu: Reis, Huhn und Salat. Während ich aß, fragte mich mein Sohn, warum er gegangen sei; ich sagte ihm, dass er sich nicht zum Besseren verändert habe. Er lachte und sagte, es sei besser, dass er gegangen sei, ich solle mir einen europäischen Mann zum Heiraten suchen oder, noch besser, einfach einen Freund haben. Ich sagte ihm, ich wolle keinen Mann mehr in meinem Leben; ich wolle nicht von der Arbeit nach Hause eilen, um für einen Mann zu kochen. Ich wollte mir Zeit für mich selbst nehmen; selbst wenn ich weniger zu tun hätte, würde ich spazieren gehen oder in die Stadt fahren und mich umsehen, einfach um die Schönheit der Stadt zu sehen.

Mein Sohn sagte, dass es in Ordnung sei, dass er jetzt erwachsen sei und auf sich selbst aufpassen könne, und wenn er etwas brauche, würde er mich anrufen. Ich eilte nicht mehr nach Hause; ich konnte jetzt meine Freunde und Familienmitglieder frei anrufen, im Gegensatz zu früher, als er alle meine Gespräche überwacht hatte. Ich konnte mich jetzt entspannen, hatte keine Pickel mehr im Gesicht, und meine Kollegen sagten sogar aus, dass ich entspannt aussah. Vorher hatte ich Angst, Felix gehen zu lassen, weil ich dachte, wenn er geht, wäre ich wieder allein und die Leute, die mich kennen, würden mich auslachen, aber jetzt habe ich erkannt, dass es besser ist, allein zu sein, als in einer Beziehung oder Ehe zu sterben. Das Leben ist schön und sehr gut in Europa, wenn man hart für sich selbst arbeitet.

Heute bin ich ein neuer Mensch; ich bin zum Friseur gegangen, um mir die Haare zu machen und die Farbe zu ändern, und als ich mich im Spiegel betrachtete, lächelte ich vor mich hin und sagte mir, dass ich mich liebe. Ich bin eine sehr fleißige Frau, also habe ich die Gelegenheit genutzt, mich gut um mich selbst zu kümmern; schließlich ist das Leben zu kurz, um sich in Selbstmitleid zu suhlen. Als ich mit dem Friseur fertig war, ging ich in ein kleines Restaurant, um allein mit einer sehr kleinen Menge zu essen, und ich genoss es. Die Frau, die mich bediente, fragte mich, ob ich zum ersten Mal dort sei, und ich sagte ja. Als ich das Essen bezahlte, sagte sie: „Sie sind eine sehr schöne Frau", und ich lächelte. Ich sagte ihr, dass ich heute zum ersten Mal mit mir selbst ausgegangen bin und es mir gefallen hat. Ich muss es einfach für mich selbst tun. Sie lachte, und ich bedankte mich vielmals. Als ich nach Hause fuhr, dachte ich daran, was die Frau im Restaurant gesagt hatte, und ich fragte mich: „Ich bin also eine schöne Frau?" Ich dankte Gott, dem Allmächtigen, ging wieder in den Laden, kaufte etwas für mich und fuhr nach Hause.

Als ich nach Hause kam, tat ich nichts; ich setzte mich ins Wohnzimmer, schlug die Beine auf einem kleinen Hocker übereinander und schlief ein. Ich bemerkte nicht, als mein Sohn zurückkam. Ich hörte es erst, als er sagte: „Mama?"

Ich sagte: „Ja?"

Er sagte: „Du siehst nicht schlecht aus."

Ich sagte: „Danke."

Ich sagte ihm, dass ich heute nicht kochen würde und dass er in die Pizzeria gegenüber des Hauses gehen und sich eine Pizza kaufen sollte.

Er tat es, und als er aß, sagte er: „Es ist gut, manchmal auswärts zu essen und nicht ständig zu kochen."

Ich sagte ihm: „Ja, das ist gut." Und obwohl es auch teuer ist, machen wir das von nun an öfter, oder wir suchen einen Lebensmittelladen, der nicht zu teuer ist, kaufen das Essen und bringen es zum Essen mit nach Hause, das haben wir uns beide verdient.

Absicht des Autors

die Geschichte soll verdeutlichen, dass die meisten Frauen in Afrika ihr ganzes Leben lang allein für die Bedürfnisse ihrer Familie, insbesondere ihrer Kinder, sorgen müssen. Die meisten schwarzafrikanischen Frauen haben keine Hilfe von ihren Ehemännern, den Vätern der Kinder, der Familie oder Freunden. Sie leben als Alleinerziehende, auch wenn sie meist verheiratet sind.

Die meisten dieser Frauen werden im Stich gelassen, wenn sie schwanger werden. Selbst wenn die Männer Anfangs die Verantwortung übernehmen, bitten sie sie, während der Schwangerschaft zu ihren Eltern zu ziehen, weil sie sagen, dass die Symptome sie stören. Sie werden eher häufiger mit einer neuen Freundin außerhalb ihres Hauses zusammen sein, vor allem, wenn sie wenig Geld zur Verfügung haben. Einige der Männer würden die Frauen lieber allein lassen.

Meistens verstehen die Eltern der Frau die Verlassenheitstricks der afrikanischen Männer nicht wirklich, denn sie sind sogar froh, dass sie sich zu Hause um ihre Tochter kümmern, weil sie ein Baby erwartet.

Wenn die Frau auf dem Dorf lebt, einem typischen afrikanischen Dorf, muss sie auch während der

Schwangerschaft sehr stark sein; sie muss sehr hart arbeiten, zur Farm gehen und eine sehr lange Strecke laufen, bevor sie dort ankommt. Wenn sie ein älteres Baby hat, muss sie das ältere Baby mit ihrem vorgewölbten Bauch auf den Rücken wickeln, um zur Farm zu gelangen. Auf dem Bauernhof angekommen, muss sie alle Arbeiten auf dem Hof selbst erledigen und dann die Erlöse auf dem Kopf nach Hause tragen. Sie kommt nach Hause, ohne sich auszuruhen, und bereitet die Mahlzeiten für ihre Kinder und den Haushalt zu.

Das Leben einer afrikanischen Frau ist also von harter Arbeit geprägt. Meistens ist sie froh, dass sie überhaupt einen Mann hat, den sie ihren Ehemann nennen kann, und dass dieser Mann sogar so großmütig ist, ihr Ackerland zu überlassen, damit sie sich selbst versorgen kann. Aber in der zivilisierten Welt wird es als Strafe angesehen, die zu Komplikationen bei der Schwangerschaft führen kann.

Wenn ich mir die Situation meiner Mutter als afrikanische Frau ansehe, die die meiste Zeit ihres Lebens alleinerziehend war, bin ich überhaupt nicht zufrieden. Schon als sie mit ihrem ersten Mann zusammenlebte, musste sie sich allein um die Kinder kümmern, weil ihr Mann noch andere Frauen hatte, also jede Frau für sich.

Für meine Mutter war es noch schwieriger, weil sie nicht zur Schule ging und in der Stadt lebte. Wenn sie auf dem Dorf gelebt hätte, wäre es einfacher gewesen, weil der Kampf in einem afrikanischen Dorf billiger ist als in der Stadt. Es war trotzdem etwas einfacher für sie, weil ihre Mutter im Dorf lebte, sodass sie zwischen der Stadt und dem Dorf hin- und herpendeln konnte.

Bei meiner verstorbenen Schwester Martha führte der Tod ihres Mannes dazu, dass sie alleinerziehend wurde. Die Familie des Mannes verließ sie und ihren Sohn. Bis zu ihrem Tod musste sie allein für sich und ihren Sohn sorgen.

Die in Europa lebenden afrikanischen Männer haben eine andere Einstellung zum Umgang mit Frauen als die in Afrika lebenden, weil sie Angst vor der Polizei haben. Sie wissen, dass afrikanische Frauen in Europa leicht Hilfe von der Regierung für Sozialhilfe bekommen, und außerdem haben die meisten Männer einen Job, den sie ausüben, um sich um ihre Verantwortung zu kümmern, ebenso wie die Frauen. Beide wissen, dass es gut ist, sich gegenseitig zu respektieren und ihre Verantwortung wahrzunehmen, denn sie kennen beide ihre grundlegenden Menschenrechte. Aber es gibt immer noch einige afrikanische Männer in Europa, die sich wie afrikanische Männer verhalten, die in Afrika leben, wie Raymond und Felix. Sie überlassen die Verantwortung für Haus und Kinder allein der Frau und machen sie damit zur alleinerziehenden Mutter, ob sie nun mit einem Mann zusammen sind oder nicht. Der Kampf für die schwarzafrikanische Frau geht also weiter.

Die Autorin

Die Autorin wurde als Kind einer alleinerziehenden Mutter in Afrika geboren. Eine Mutter, die sich wirklich um ihre Kinder kümmerte. Eine Mutter, die wusste, was es heißt, hungrig zu sein, und alles unternahm, um ihren Kindern ein besseres Leben zu ermöglichen. Heute fehlen der Autorin die Worte, um die Güte und den Aufopferungswillen ihrer Mutter adäquat zu beschreiben. Die vorliegende Geschichte ist auch die Geschichte der Mutter der Autorin, einer schwarzafrikanischen Frau.

Der Verlag

> *Wer aufhört
> besser zu werden,
> hat aufgehört
> gut zu sein!*

Basierend auf diesem Motto ist es dem novum Verlag ein Anliegen, neue Manuskripte aufzuspüren, zu veröffentlichen und deren Autoren langfristig zu fördern. Mittlerweile gilt der 1997 gegründete und mehrfach prämierte Verlag als Spezialist für Neuautoren in Deutschland, Österreich und der Schweiz.

Für jedes neue Manuskript wird innerhalb weniger Wochen eine kostenfreie, unverbindliche Lektorats-Prüfung erstellt.

Weitere Informationen zum Verlag und
seinen Büchern finden Sie im Internet unter:

www.novumverlag.com